EXERCÍCIOS FILOSÓFICOS

EXERCÍCIOS FILOSÓFICOS

Madeleine Arondel-Rohaut

Tradução
PAULO NEVES

Revisão da tradução e adaptação
IVONE CASTILHO BENEDETTI

Martins Fontes
São Paulo 2005

Esta obra foi publicada originalmente em francês com o título
EXERCICES PHILOSOPHIQUES, por Presses Universitaires de France.
Copyright © Presses Universitaires de France, 1996.
Copyright © 2000, Livraria Martins Fontes Editora Ltda.,
São Paulo, para a presente edição.

1ª edição
2000
2ª edição
2005

Tradução
PAULO NEVES

Revisão da tradução e adaptação
Ivone Castilho Benedetti
Revisão técnica
Fernando Dias Andrade
Revisões gráficas
*Maria Aparecida Monteiro Bessana
Ivete Batista dos Santos
Dinarte Zorzanelli da Silva*
Produção gráfica
Geraldo Alves
Paginação/Fotolitos
Studio 3 Desenvolvimento Editorial

Dados Internacionais de Catalogação na Publicação (CIP)
(Câmara Brasileira do Livro, SP, Brasil)

Arondel-Rohaut, Madeleine
　　Exercícios filosóficos / Madeleine Arondel-Rohaut ; tradução Paulo Neves ; revisão da tradução e adaptação Ivone Castilho Benedetti. – 2ª ed. – São Paulo : Martins Fontes, 2005. – (Ferramentas)

　　Título original: Exercices philosophiques.
　　Bibliografia.
　　ISBN 85-336-2171-X

　　1. Análise (Filosofia) 2. Filosofia francesa I. Título. II. Série.

05-5280　　　　　　　　　　　　　　　　　　CDD-121.68

Índices para catálogo sistemático:
1. Análise filosófica : Filosofia　121.68

Todos os direitos desta edição para a língua portuguesa reservados à
Livraria Martins Fontes Editora Ltda.
*Rua Conselheiro Ramalho, 330 01325-000 São Paulo SP Brasil
Tel. (11) 3241.3677 Fax (11) 3101.1042
e-mail: info@martinsfontes.com.br http://www.martinsfontes.com.br*

SUMÁRIO

Prefácio 1

1. SENTIDOS DO SENSO COMUM. EVIDÊNCIAS COMUNS 7

   I. *"Estar caído por alguém"* 7
      1. Análise dos termos 7
      2. Exame dos pressupostos 10
   II. *"Recomeçar do zero"* 12
      1. Análise dos termos 12
      2. Exame dos pressupostos 15
      3. Pistas de reflexão 17
   III. *"Foi mais forte que eu!"* 18
      1. Análise dos termos 18
      2. Exame dos pressupostos 21
      3. Pistas de reflexão 23
   IV. *"É um direito meu!"* 25
      1. Análise dos termos 25
      2. Exame dos pressupostos e pistas de reflexão 27
   V. *"É verdade porque eu vi!"* 33
      1. Análise dos termos 33
      2. Exame dos pressupostos 35
      3. Pistas de reflexão 38
   VI. *Análises breves* 44
      1. "O que é bom sempre acaba" 44
      2. "Calar é ouro, falar é prata" 47

    3. "Está ultrapassado!" 51
    4. "Ponha-se no meu lugar!" 54
Recapitulando 57

2. DO ORÁCULO AO ENIGMA? PERGUNTAS 59

  I. Pode-se comprar tudo? 59
    1. Tipo de indagação 59
    2. Análise dos termos 61
    3. Pistas de reflexão 63
  II. Será justo afirmar que a arte nos desvia da realidade? 64
    1. Tipo de indagação 64
    2. Análise dos termos 64
    3. Pistas de reflexão 66
  III. A obediência às leis é legitimamente fundamentada? 70
    1. Tipo de indagação 70
    2. Análise dos termos 71
  IV. Por que o homem ocupa lugar especial na natureza? 76
    1. Tipo de indagação 76
    2. Pistas de reflexão 77
  V. Ser livre é "ter todos os direitos"? 79
    1. Tipo de indagação 79
    2. Análise dos termos 80
    3. Pistas de reflexão 81
  VI. Será forçoso perder as ilusões? 85
    1. Tipo de indagação 85
    2. Análise dos termos 86
    3. Pistas de reflexão 88
    4. Observações complementares 96
  VII. Análises breves 97
    1. Será sempre possível distinguir trabalho de diversão? 97

2. Leis naturais, leis científicas, leis sociais, leis morais: a palavra "lei" tem sempre o mesmo sentido?... 99

Recapitulando... 100

3. ENGANADORA FACILIDADE. FORMULAÇÕES CLARAS DEMAIS 103

I. "Como se explica que, a despeito do tempo, eu continue o mesmo?".. 103
   1. Inspiração pouco inspirada 103
   2. Análise metódica 104
   3. Pistas de reflexão 109
II. "Podemos respeitar o que amamos?" 111
   1. Inspiração pouco inspirada 111
   2. Análise metódica 112
   3. Pistas de reflexão 113
III. "Haveria razões para incriminar a técnica?" ... 114
   1. Inspiração pouco inspirada 114
   2. Análise metódica e pistas de reflexão 115
IV. "Por que recusar consciência ao animal?" 116
   1. Inspiração pouco inspirada 116
   2. Análise metódica indicativa 116
   3. Pistas de reflexão 116
V. Pode-se censurar a arte por ser inútil? 118
   1. Inspiração pouco inspirada 118
   2. Pistas de reflexão 119

4. SAIR DO ESTUPOR PARALISANTE. FORMULAÇÕES OBSCURAS........................ 121

I. O que pensar desta afirmação: "Diante das coisas da vida, nunca diga: 'é natural'! Confira a conta, é você quem a paga"? 121

    1. Análise da frase 121
    2. Formulação do problema 123
 II. *O que é panorama?* 123
    1. Análise do enunciado 123
    2. Pistas de reflexão 127
III. *Análises breves* 129
    1. "A matemática – dizia Bertrand Russell – é uma ciência em que não sabemos do que estamos falando nem se o que estamos dizendo é verdade" 129
    2. Será que eu convido um antropófago para ir a minha casa? 131

Recapitulando 132
Indicação bibliográfica 135

PREFÁCIO

I. Pensar por si mesmo?
Das idéias preconcebidas à compreensão pessoal

▶ Do rádio-relógio ao programa de televisão, passando por anúncios publicitários, placas indicadoras, terminais bancários e telas de computadores, sem esquecer jornais, livros e revistas, mas também conversas de mesa ou de rua, **nossa existência mais comum está totalmente imersa num universo falado e falante**.

E o que se diz esse universo? Às vezes, nada ou... muito pouco, mas com freqüência muito, quando não... demais! Pois afinal nossa educação, por certo, mas também **nossas** escolhas, nossos hábitos mas também **nossos** desejos, nosso meio mas também nossas fantasias pessoais, nossas aprendizagens mas também nossas inovações... todos habitam com suas múltiplas significações esse universo verbal e modelam o menor enunciado.

Mal-entendidos, sentido duplo, subentendidos, ambigüidades... todos passamos pela experiência da complexidade, mesmo quando achávamos ser tudo tão simples! Com isso compreendemos que a frase mais banal e o enunciado mais indubitável já não são afinal tão evidentes nem tão simples.

Irritados ou desanimados, contrariados quando não confusos e desorientados, vamos desistir? Ou procurar, como todos fazem na maioria das vezes, "deslindar" de um jeito ou de outro os emaranhados desse verdadeiro labirinto que constitui o mundo de nossas significações?

► **É nesse momento crucial de tomada de consciência que entra em cena a análise filosófica: enfrentar o inextricável...**

Recusa de submergir no magma de sentido, recusa de capitular diante do vozerio ou das sinuosidades que devem ser percorridas para se "compreender alguma coisa", recusa, como dizia Descartes, de "viver de olhos fechados sem jamais procurar abri-los", cego voluntário à mercê de todas as manipulações, recusa da ilusória posição de ensimesmamento – "eu me entendo!" –, verdadeira antecâmara do fechamento esquizofrênico, **a análise filosófica é a exigência da comunicação na liberdade, na clareza e na vontade de compreender**.

Que entender por *analisar* senão, primeiramente, o que a etimologia grega do termo indica, a saber, decompor e discernir as diferentes partes de um todo, mas também reconhecer as diferentes relações que elas mantêm, quer entre si, quer com o todo? Em outras palavras, **analisar é ousar enfrentar a complexidade**, ousar desatar todos esses fios entremeados – aqui, os de nossas mais variadas frases –, tomar cada possível sentido um a um, desfazer sem precipitação o que ele parece conter em si, e ir até o fim para descobrir a que nó ele conduz, cruzar, descruzar e comparar; enfim, é também ousar enfrentar, por meio de um desvendar minucioso e sem trapaça, o absurdo ou a idéia aberrante – a nosso ver –, a contradição, mas também a banalidade ou a evidência que nos deixam fazem calar ("que dizer mais?").

Assim, analisar requer tanto paciência... quanto audácia...

...e fazer-se "engenheiro do sentido".

► Todavia, os laboratórios também fazem análises: de sangue, do ar etc. **Em que sentido mais preciso se falará em *análise filosófica*?**

Desta vez, o objeto por dissecar não é de natureza física. O que se pretende investigar, esquadrinhar e manipular são... idéias, presentes em juízos e interpretações extremamente variados sobre realidades que, com freqüência, pouco se equivalem. E, embora as realidades de que falamos possam conservar um caráter totalmente exterior, já o discurso remete à compreensão interna. Sendo assim, todo enunciado se dá como sentido, e... é esse sentido que se oferece à análise, é esse sentido que cabe pensar.

Ora, enquanto o sentido permanecer como fruta em vitrine, vou continuar sendo espectador desta ou daquela significação: não entro nela e ela não investe meu pensamento. O ato propriamente filosófico não ocorre. Mas se, ao contrário, como ressaltava Kant, eu for "aprender a filosofar", deverei passar à "ação filosofante", apropriando-me da idéia, da questão, do juízo dados. Eles só "farão sentido" se, em vez de deixá-los do lado de fora, meu pensamento se apoderar deles. Ao volvê-los e revolvê-los, esquadrinhando-os e "mastigando-os", o pensamento lhes dá sentido.

Desse modo, "entrar em análise filosófica" é ao mesmo tempo querer adotar certo olhar e proceder a uma verdadeira prática pensante.

II. Um método sem metodologia?
Identificar os obstáculos do pensamento livre

O principal obstáculo que se ergue diante de qualquer procedimento de análise filosófica, bloqueando sua possibilidade logo de saída, é constituído por algumas atitudes, certamente bem conhecidas, mas que convém identificar com clareza.

▶ **O primeiro reflexo que deve ser banido consiste em unir num mesmo movimento a compreensão do que é dito e meu juízo de valor.** Isso acarreta duas conseqüências prejudiciais à análise: a confusão e o sentimento de que não há nada para dizer!

O terreno predileto desse tipo é **o universo das idéias preconcebidas** pelo qual transitamos alegremente, retomando-as tais e quais, sem refletir, inteiramente convencidos, no entanto, de que são nossos pensamentos! Fechar o cerco em torno do "pré-conceito" era já o que Descartes nos convidava a fazer logo na primeira parte do *Discurso do método*. Com efeito, a aprendizagem da análise filosófica deve começar por **cercar por todos os lados as evidências comuns**, analisar o conteúdo delas. Tal é o objeto da primeira parte desta obra. Nosso objetivo não é fornecer modelos de dissertações que dispensem o estudante de pensar por si mesmo. Trata-se mais de apresentar um pensamento em ato: começando por um trabalho, simples mas exigente, de reflexão sobre o sentido das expressões e dos termos, poderemos assim mostrar como a reflexão filosófica descobre verdadeiras questões por trás das falsas certezas.

▶ **A segunda tentação consiste em responder à pergunta sem nem mesmo examinar sua forma e seus termos.** Isso tem o efeito desastroso de fazer-nos esquecer a pergunta, reduzindo-a às vezes a uma ou duas palavras mais "chamativas".

Essa atitude, comparada à primeira, pode parecer mais fácil de combater: estando já presente a interrogação, basta dar-lhe atenção! Certo, mas a armadilha subsiste porque, fundamentalmente, o trabalho de reflexão não é efetuado no nível da pergunta, mas... da resposta. Portanto, **cercar a pergunta por todos os lados** constituirá, num segundo momento, o objeto de nosso trabalho.

▸ Enfim, cumpre banir duas atitudes aparentemente opostas mas na realidade análogas. Por um lado, a atitude de tomar o que é dito como simples pretexto para seu próprio discurso leva inexoravelmente ao "diálogo de surdos" e a um discurso talvez até interessante, mas totalmente "à margem" da declaração inicial. Por outro lado, a atitude de tentar fazer a afirmação apresentada corresponder imediatamente a este ou àquele tema conhecido e estudado leva sempre a um simples trabalho de "preenchimento", e não de reflexão.

No cerne dessas duas atitudes escondem-se os bloqueios mais íntimos do espírito. Reuni-las numa mesma denúncia pode parecer paradoxal: a primeira reflete tal primazia do "eu" que oculta todas as significações que não sejam as minhas, enquanto a segunda, ao contrário, sustenta a inexistência do "eu" abrigando-se atrás dos conhecimentos que supostamente fariam o trabalho de reflexão em meu lugar. Entretanto, o que parece haver em comum entre as duas é a mesma recusa do confronto. A resistência mais feroz é do próprio espírito, crispado em reflexos tão indispensáveis – parece-lhe – que ele percebe como um verdadeiro transtorno o fato de ser privado deles por um só instante. Por acaso aquilo que se costuma tachar de preguiça do espírito ou fechamento em suas certezas não seria devido, afinal de contas, a uma necessidade de segurança, que nos mantém nessa atitude retraída, evitando a angústia de realizar o ato de pensar sozinhos e despojados de tudo? Por isso, **fechar o cerco em torno dos últimos bloqueios do espírito** será o último alvo de nossa atenção.

Essas atitudes familiares nos são caras, fazem parte de nós: desfazer-nos delas pode representar uma verdadeira extirpação. No entanto, será preciso decidir-se a isso para proceder à menor das análises filosóficas. Renunciar a elas será "dar-lhes as costas", isto é, tomar sistematicamente a direção oposta. Com vontade e decisão, **independentemente de opiniões pessoais**, será preciso fazer um esforço para surpreender-se – "É mesmo?" –, interrogar-se – "Por quê? Como? Em que medida? Em que condição(ões)?..." –, levantar a contradição e... ousar desenvolvê-la.

Incansável trabalho de distanciamento reflexivo, a análise filosófica exige colocar nosso espírito "à espreita", atento àquilo que lhe é apresentado para exame e também pronto a discernir seus próprios subentendidos.

Buscando evidenciar os processos empregados em toda **análise filosófica**, os expedientes de que o espírito se serve e os tenteios de sua investigação, estas primeiras lições pretendem mostrar que não **se trata tanto de aplicar receitas, mas sim de lançar-se numa aventura que outra não é senão a do próprio pensamento.**

Capítulo 1

SENTIDOS DO SENSO COMUM
EVIDÊNCIAS COMUNS

I. "Estar caído por alguém"

1. Análise dos termos
▸ **Expressão bem comum** sobre a qual quase não se vê o que dizer, pois, já de saída, seu sentido é inteiramente compreendido! No entanto... vamos experimentar analisar minuciosamente seus termos, notando de passagem de que modo atua a reflexão.

A expressão comporta quatro palavras que podem ser divididas em dois grupos: "estar caído" e "por alguém". Não é difícil perceber que, embora "estar caído" contenha um sentido genérico expresso pelo verbo cair, a sua complementação por "por alguém" remete a uma situação amorosa. E assim poderíamos sucumbir à tentação de já ir começando a dizer tudo sobre o assunto "amor", tomando a expressão como um todo e deixando de dar atenção às suas partes.

Por isso, será que vamos precisar de "inspiração", ou será preciso fazer de conta que não atentamos para o significado geral da expressão?

▸ Nem uma coisa nem outra. **Vamos olhar de frente a palavra "cair". O que ela nos sugere?** Para maior facilidade, imaginemos alguém caído, notando as idéias correspondentes mas sem deixar de manter a liberdade que nos impeça de "ficar presos à imaginação".

7

Em primeiro lugar, embora "estar caído" indique um estado (atentar para o verbo "estar"), também nos lembra que "quem está caído caiu". Caiu nas malhas? Nas garras? Na armadilha? Mas não é isso o que nos importa neste momento. Por enquanto só queremos ressaltar que o ato de "cair" é sempre **súbito**. No entanto, embora geralmente "súbito", ele nem sempre é inesperado. – *Busca de equivalências para deslindar melhor as idéias.* – Porque alguma coisa pode ser súbita e também esperada. É possível até preparar-se para o acontecimento, mas é verdade que, no caso de uma "queda" (e aqui convém lembrar outra expressão: "ele tem uma queda por ela"), uma queda esperada seria mais um "salto"... no vazio, no escuro, de pára-quedas, pela janela... Também pode ser esperada a queda de uma criancinha que esteja aprendendo a andar ou de um doente (não nos esqueçamos da expressão "cair de cama", que não deixa de nos dizer que a doença foi de certo modo súbita).

Convenhamos, porém, que a subitaneidade é um caráter interessante, mas não suficiente: o que mais haveria? Por certo uma mudança brusca de posição, mudança que não seria de esperar; então, alguém que estava em pé passa a estar deitado (de lado, de costas ou de bruços): na verdade, de um modo "não ensaiado". Pode até – *objeção que apura a pesquisa* – cair quem estivesse sentado ou deitado.

Com base em tudo isso que foi dito acima, surgem duas idéias suplementares: a queda não foi "proposital" – portanto, caráter **involuntário** do ato prévio de cair –, e o indivíduo está **no chão**: encontra-se não só "por baixo", imobilizado pela força da gravidade, como também talvez "de quatro", "lambendo os pés de alguém". Como se vê, estes últimos elementos chegam a questionar a dignidade humana: o indivíduo abdica de sua posição ereta, de (auto)domínio e dominação.

▸ **Vejamos agora como funciona a expressão inteira "estar caído por alguém"**, utilizando e completando os caracteres acima identificados.

Assim, podemos já considerar que a expressão "estar caído por alguém" caracteriza – sem parecer – o sentimento amoroso como de instalação súbita e involuntária (ninguém se apaixona por encomenda!), ao que se acrescenta a **imprevisibilidade**: assim como não podemos evitar uma pedra do caminho, capaz de nos derrubar, também não podemos evitar "ser derrubados", nos apaixonarmos (nunca esquecendo que paixão vem do verbo latino *patior* = padecer, suportar, ser passivo). Cabe agora notar o "não podemos": haverá aí alguma idéia a mais ou será essa forma verbal negativa sinônima de imprevisibilidade? *Para sabermos, nós a substituiremos por seu equivalente mais explícito: impossível. Prossigamos então nossa reflexão...* Então, também não podemos, parece, evitar esse sentimento: **impossível deixar de submeter-se a ele!** De que ordem é essa necessidade? Será ela simplesmente uma síntese dos caracteres estudados? Ao aspecto imprevisível, involuntário e inevitável associa-se perfeitamente a idéia de algo "como" exterior a provocar o fenômeno: caminho, pedra, sapato? Não sei! E estar caído por alguém? Por que agora? Aqui? Por tal pessoa? Não sei! Aspecto dificilmente explicável que alguns qualificarão de fatalidade ou destino escrito nas estrelas... alimentando assim a veia trágica daquilo a que, tradicionalmente, se dá o nome de paixão amorosa.

Quer se trate de Anna Karenina, Romeu e Julieta ou Fedra, o amor os **desestabiliza, derruba-os**.

"Caídos", eles perdem o prumo e o domínio habituais, sentem-se "agarrados", submetidos e paralisados por emoções poderosas e por sentimentos contraditórios: "Eu o vi, e enrubesci e empalideci...", diz a Fedra de Racine.

2. Exame dos pressupostos

Finalmente, como se vê, **a expressão que empregamos correntemente contém em si todo o aspecto passivo e negativo que nossos clássicos viam no amor**: de fato, o apaixonado está "por baixo", perdeu o controle das situações e o autocontrole, sente-se agarrado e desgarrado, não sabe mais o que lhe acontece.

▸ Se ficarmos só nisso, porém, **não será possível objetar que essa conotação negativa do amor provém do ponto de vista em que nos colocamos**? De fato, é através da comparação com o estado "não apaixonado" que avaliamos o estado "apaixonado": este é visto como perturbação daquele! Mas na verdade o que é o chamado estado "não apaixonado"? – *Retomemos os critérios trazidos à tona pela análise* – Não haverá nele também subitaneidade e imprevisibilidade? O caráter involuntário e inevitável de certos comportamentos e situações por acaso não transparece nele também? Claro que sim... Cumpre então ir mais longe e investigar apenas o elemento da análise que ainda não retomamos: caído no sentido de estar **no chão**. É verdade que isso pode ser comparado à situação normal de estar em pé, e a diferença é flagrante. Mas de que ponto de vista? Simples questão de hábito (ou seja, se fosse habitual estar no chão, surpreendente seria o fato de estar em pé)? Ou será uma **questão de norma**? Sendo o homem um ser vivo e dotado de razão, será normal estar "caído" por alguém?

Vale também lembrar que esse verbo tem um substantivo: queda, que lembra declínio, decadência, perda do paraíso. E um sinônimo de queda é tombo (que lembra tumba>inércia>silêncio>mudez>surdez). Fato é que o apaixonado, surdo ao que se passa ao seu redor que não diga respeito à sua "paixão", vê-se entorpecido e em situação de equilíbrio instável no ambiente em que vive;

parece subitamente inadaptado, não correspondendo mais aos critérios típicos do ser vivo alerta, versátil e dinâmico. Como se estivesse num estado "subvital", o apaixonado cai para um nível inferior àquilo que faz referência ao ser humano normal: sem palavras ou quase, sem domínio de seus sentimentos que invadem e governam o pensamento, ele está desprovido de raciocínio, na animalidade ou no infantilismo afetivo de seus impulsos em estado bruto. Apaixonar-se tem então o efeito de uma "queda", do abandono de um estado superior, em que o apaixonado é derrubado por algo que se passa nele (sem a participação dele), em que ele abdica de si mesmo. Em outras palavras, a natureza assume o posto da razão. A partir daí tudo é possível, inclusive "entrar em queda vertiginosa"! Cair aos pés do ser amado, tornar-se seu escravo, é também renunciar àquilo que constitui a grandeza e a dignidade do ser humano: a liberdade.

▶ Esse quadro tenebroso, pintado apenas com as tintas depreendidas do verbo "cair", permite evidenciar **a concepção filosófica subentendida na expressão em epígrafe e no verbo apaixonar-se: uma visão passiva do amor, que despoja o homem do essencial das faculdades que fazem dele um ser humano em toda a sua dignidade**: razão, palavra, vontade, autonomia, senso moral e social, liberdade. Boa e velha concepção dualista que opõe espírito a natureza, ordem a desordem, racionalidade a afetividade. No cerne dessa expressão contemporânea eis que a análise filosófica nos reserva alguma surpresa!

Sem dúvida haverá quem encontre outras concepções de amor: o amor que "extasia e enleva", que "leva para as nuvens", graças ao qual a vida vira "um mar de rosas". Nesse caso, haverá sempre alguém que, em nome da lucidez e do autodomínio, pedirá a quem assim se sinta que volte à realidade e "ponha os pés no chão". Então, para não incorrermos no risco de usar expressões esvaziadas de sua substância inicial, talvez seja melhor, em vez de empregar a voz passiva "estou apaixonado", usar a voz ativa "estou amando!"

II. "Recomeçar do zero"

Expressão que todos já ouvimos ou pronunciamos: o sentido está claro, perfeitamente acessível, evidente. No entanto, o que captamos é global. Passemos então ao desdobramento de suas mínimas implicações, para depois refletir sobre o que está subentendido e, daí, sobre os problemas suscitados por essa expressão, problemas de que nem sequer desconfiávamos.

1. Análise dos termos

▶ A **palavra** *"recomeçar", sozinha, não teria toda a força que assume aqui se não estivesse associada a "zero".* O uso do número confere à expressão um **caráter radical**, tão nítido, preciso e implacável quanto a fria verdade do cálculo matemático.

Acontece que "zero" não é um número qualquer! Ele é ao mesmo tempo a genial expressão do "neutro", do "vazio" que possibilita a fabulosa capacidade operatória que se conhece em aritmética, mas é também a idéia negativa de "nada" ou "nulo".

Contudo, sendo ao mesmo tempo não-positivo e não-negativo, e estando mais exatamente entre os dois, o "zero" não é "mais" e não é "menos", nem "+1" nem "−1". Tudo bem, mas em termos de existência humana, como entender a expressão? *Vejamos do lado do "mais".*

"Recomeçar do zero" não é por acaso considerar que tudo o que existia "a mais" deixou de existir? Pode-se pensar em tudo **o que foi adquirido** aos poucos ao longo de uma existência, mesmo que curta, tanto em nível de **posse** (objetos pessoais, móveis, livros, casa etc., por exemplo em caso de incêndio, inundação ou guerra) quanto em termos daquilo que **somos** (voz, memória, inteligência, domínio de um instrumento, segurança) e da **vida social e afetiva** (família, amigos etc.) Portanto, tudo o que estava constituído e construído está destruído, **anulado**: volta-se ao "zero". *Examinemos agora o lado do "menos".*

O que havia "a menos" também desaparece: o que quer isso dizer?

"A menos" pode significar **o que devemos, dívidas materiais morais ou intelectuais**. Não posso viver normalmente enquanto não "alcançar" esse simples nível "zero". Se em face de aquisições positivas "zero" pode parecer uma catástrofe, em face de aquisições negativas "zero" é uma verdadeira redenção: solucionadas as dívidas (e as dúvidas quanto à minha pessoa), nada mais me barra o caminho.

Cabe agora fazer um primeiro balanço.

Ao nos demorarmos no exame do "zero" como algo que não é nem "mais" nem "menos", pudemos identificar a **ambivalência** (duplo valor, em oposição) segundo a qual será interpretada a expressão "recomeçar do zero": estando o zero situado entre o "mais" e o "menos", tudo depende do que se perde!

Mas – segunda observação – de qualquer modo **perde-se algo**! Ora, em relação a quê? Se o zero desempenha papel de referência em relação à qual medimos o "mais" ou o "menos" que foi perdido, o que exatamente está por trás dessa referência?

Se meu "zero" designar minha atividade profissional, direi "recomeçar do zero" caso minha profissão tenha deixado de existir, obrigando-me a aprender outra.

Se – indo um pouco além – minha referência que funciona como "zero" for constituída por minha infância – sendo minha vida adulta uma aquisição –, dizer que "recomeço do zero" é dizer que aos 40 anos estou como se saísse da casa de meus pais: sem trabalho, sem família por mim fundada, sem teto que seja meu. Em suma, "como se" a minha vida não tivesse existido.

Mas o "zero" pode estar ainda mais acima, por exemplo além de todas as aquisições, no conjunto de minha educação, de tudo o que aprendi. Desse modo, uma amnésia ou um acidente (vascular cerebral ou outro) pode levar-me a dizer que "recomeço do zero", pois preciso reaprender a ler, escrever, andar, falar, comer etc. Sem ir até um acidente desse tipo, várias circunstâncias podem levar-me a simplesmente mudar de país, de língua, de clima, de sociedade, de costumes, de modo de vida e de relações.

Por mais negativo que o "zero" possa parecer, não devemos esquecer o ponto de equilíbrio e de referência que ele constitui e, por outro lado, a disponibilidade, o grau de ação que, na qualidade de "vazio", ele possibilita.

▶ **A expressão, conquanto centrada no termo "zero", também é constituída pelo verbo "recomeçar".** Convém examiná-lo.

Recomeçar... é não ficar parado! – *busca de sentido por um termo inverso, negação* – É ativar, reativar: conotação dinâmica, portanto, ainda que se trate de movimento por incitação externa! Ora, o prefixo re- indica que o que se faz é feito de novo. A expressão inteira, porém, não parece indicar a idéia de hábito repetitivo, mas sim de renovação: começar outra vez com o que há de diferente e... de idêntico, ou seja, outra vez o "zero"! De fato, se começar é deixar um estado de inércia, "recomeçar do zero" é ainda mais complexo. Algo já foi começado uma vez, já foi construído e adquirido, para no fim, depois de estar tudo perdido e cancelado, chegar-se ao mesmo ponto de partida... que deverá de novo servir de largada.

Essa formulação um tanto "trabalhada" permite trazer à tona, no sentido da expressão, a idéia de movimento, espécie de ida-e-volta entre perda, destruição, anulação ou desaparecimento, por um lado, e construção, processo de aquisição, iniciativa e invenção, por outro, idéia de "deixar marcos", "deixar vestígio da nossa existência".

2. Exame dos pressupostos

Tentemos agora depreender as significações profundas dessa frase tão comum, "recomeçar do zero", que, nas entrelinhas, permite adivinhar uma "proposta de vida".

► A expressão parece dar conta de uma **concepção em que a existência humana é vista como um terreno demarcado**; não seria por acaso que também se diz "voltar à estaca zero". Mas trata-se de um terreno sobre o qual foi construída alguma coisa, terreno semeado com nossas realizações, que de repente foi devastado; mas um terreno que parece possível **voltar a demarcar**.

Assim, esboça-se uma concepção de vida. O que vamos adquirindo, desenvolvendo e edificando parece ser comparado ao **caminhamento** de um topógrafo que vai demarcando uma estrada, mas que de repente erra e precisa voltar para, a partir do zero, traçar outros rumos, outra direção.

▸ Vamos mais fundo. Não haverá por trás disso **toda uma "filosofia" de vida**? Isto porque essa interpretação dá destaque à **consciência** que o homem tem da **precariedade das coisas, dos seres e das situações** que parecem – e apenas parecem – sólidas, fincadas e firmes, mas que são **temporárias** e **frágeis**. Daí surge a idéia da carência da condição humana, se comparada à do animal, que se beneficia de todos os "equipamentos originais" mais astuciosos e eficazes. Mas, ao mesmo tempo, essa mesma consciência confere ao homem certa **independência** em relação a todas essas realidades que, por mais fundamentais que possam ser, lhe escapam. Ele voltou à "estaca zero"? E daí? Ele vai "recomeçar"! Só a morte, ao que parece, poderia vencê-lo. Excelência, projeto, superação e desprendimento, ato enfim: não está aí uma maneira de afirmar a extraordinária **liberdade do ser humano**?

▸ **É aí que se faz presente toda uma problemática filosófica.** Quando se fala em "recomeçar do zero", designa-se exatamente o que por trás do termo "zero"? Esse zero é zero mesmo? Em relação a quê? A rigor, essa expressão terá sentido real? Porque, se estamos "recomeçando", na verdade já houve algo antes! Portanto, não é zero! Ou tudo foi anulado? É possível "fazer tábua rasa do passado?" Estaremos no tempo como estamos no espaço? Será que a "civilização nos veste" como simples manto do qual podemos nos livrar e "recomeçar do zero"? (Como personagens de romances, histórias em quadrinhos e filmes de ficção científica que sobrevivem a alguma catástrofe terrestre.) Qual é o peso, qual a marca exata que em nós deixam o passado e a cultura? O fato de não os podermos anular – pois permanecem em certo número de determinações – significará impossibilidade de ter autonomia e independência? Como articular, enfim, as noções de desvinculação, perda e liberdade?

3. Pistas de reflexão

► Numa primeira fase poderíamos **tomar a expressão em seu sentido mais estrito** para mostrar que, nesse aspecto, seu uso seria pouco fundamentado, induzindo em erro ou determinando profundas incoerências.

Ao longo da existência, é verdade que "recomeçamos" muitas vezes e de várias maneiras, mas nunca "do zero" (ver a realidade da memória). Mesmo nas "anulações" de fundo físico – um coma que dê a impressão de que o indivíduo entrou num estado vegetativo primitivo, lesões que provocam o desaparecimento de movimentos aprendidos... –, nem aí ocorrem verdadeiros retrocessos: a reeducação ou a cura não "partem do zero", para recuperar o que se perdeu, mas é o conjunto do ser vivo e pensante que **se reorganiza de outro modo**, que realiza novas conexões e **constrói um novo comportamento**. As análises de Georges Canguilhem sobre normalidade e patologia merecem ser meditadas (ver índice bibliográfico)!

► **Na segunda fase** daríamos mais ênfase àquilo que em geral entendemos quando empregamos essa expressão; em outras palavras, seu **sentido figurado**.

Num primeiro momento, ressaltamos que o sentido é de um novo começo na vida, mas levando em conta todos os outros dados básicos, outros referenciais e referências, ou seja, sabendo que o resto não foi realmente esquecido, que pode até "servir de lição" para a boa elaboração das novas experiências. Portanto, "recomeçar do zero" não seria voltar atrás sem nem mesmo saber que se está indo para trás, para um zero inencontrável, mas designaria uma existência que estivesse tomando nova direção, que não estivesse mais reduzida a seu novo ponto de partida, mas já estivesse sendo demarcada por novas perspectivas e novos critérios.

No segundo momento, cabe desenvolver o sentido filosófico que está por trás de tal interpretação da existência humana (ver acima).

Então, a terceira fase da reflexão examinaria **como fundamentar tal concepção**. Centrada nas análises da consciência e da liberdade que podem ser encontradas em Hegel, Sartre e outros, a reflexão mostraria que a existência do homem é efetuada **em e por** condições concretas e precisas (família, meio social, civilização, época, língua, lugares, climas, saúde...), mas **a elas não se reduz**. Ao contrário, transcende-as ao pensá-las, colocando-as em perspectiva segundo sentidos. O ser humano **interpreta** as realidades. É sua livre faculdade de significar que ele põe em ação para existir. Evidenciaríamos então que tipo de **desprendimento** está em ação – intencionalidade, diria Husserl; distanciamento ou "anulação", diria Sartre – para fundamentar o elo entre desvinculação, perda – "zero" – e **liberdade** – "recomeçar" – expressão mesma daquilo que constitui a grandeza da existência humana, mas também sua dimensão trágica.

III. "Foi mais forte que eu!"

1. Análise dos termos

▸ Há quem use essa expressão com toda a naturalidade, como uma evidência que ninguém ousaria pôr em dúvida.

Quem diz isso pretende afirmar que não tem responsabilidade pelo que foi dito ou feito. Claro, todos viram que foi ele quem disse ou agiu, mas também... não foi ele! O que significa isso? Significa que ele não passa do fantasma de si mesmo nesses momentos? Que espécie de "duplo" fala e age nele nessas horas? E ainda por cima à sua revelia: cabe-lhe depois "consertar os estragos"! Conserto barato, convenhamos, pois basta apontar o culpado e tudo volta a entrar nos eixos: "ah bom, não foi você". No entanto... alguém que fosse muito caturra não deixaria de perguntar: "Como é mesmo que se chamava o culpado"? Digamos que quem disse "foi mais forte que eu" não fez frase com sujeito. Que sujeito poderia encabeçar a frase? Um "isso", um "aquilo" qualquer? O caturra persiste, e diz que "isso" ou "aquilo" são pronomes demonstrativos, que, na qualidade de pronomes, substituem nomes. Portanto, "qual é mesmo o nome do culpado"? Diante da falta de resposta, precisamos assumir o posto de nosso caturra para saber que subentendidos, fundamentados ou não, habitam esse vazio deixado por um sujeito que se ocultou. Retomemos o inventário das significações patenteadas pela expressão.

▸ Ao dizermos que não conseguimos "nos" controlar, que não resistimos a algo que foi mais forte que nós, não nos limitamos a mencionar a dimensão psicológica do "duplo", mas pretendemos também obter uma exoneração moral: não assumimos a responsabilidade desses atos e dessas palavras. Com o que todos concordam, pois essa é a coisa mais evidente do mundo. Contudo... o nosso caturra não deixaria de voltar à carga: "Em nome do quê você se recusa a assumir seus atos e palavras?" E nós responderíamos balbuciando: "Justamente, porque ϕ foi mais forte que eu", resposta que, evidentemente, não satisfará, e assim precisaremos dar procedimento às identificações claras e às reais explicações.

Portanto, precisamos revolver as águas tranqüilas da evidência, o que já começamos a fazer com essas poucas perguntas acima.

▸ Indispensável busca, pois, seja qual for o ângulo do qual abordemos a questão, vamos sempre dar num vazio, e em torno dele gira todo o enunciado em seu conjunto. O que representa esse ϕ?
Passemos então ao trabalho de identificação a partir da frase.
Partiremos da simetria: de um lado, "ϕ"; do outro lado, "eu". O conjunto se apresenta como uma relação de dominação: jogo de "braço-de-ferro" em que um vence o outro. Aqui, o vencido sou eu; o vencedor é ϕ. Observemos o perfil totalmente diferente dos protagonistas! Um é claramente uma pessoa ("eu": pronome pessoal), o outro é um vazio que só poderia ser, eventualmente, preenchido por um "isso" (pronome demonstrativo neutro, portanto impessoal). Ora, "isso" é mais forte que eu! Que força impessoal está aí em ação e é mais forte que eu? Um espírito? Ou vários? Bom, quanto a espíritos, nós os concebemos como algo pessoal. Um poder divino impessoal (o que excluiria algumas das concepções de Deus mais difundidas entre nós)? É possível, mas o que atrapalha é que esse poder nos estaria levando a dizer ou fazer asneiras: o que não combina nem um pouco com o conceito divino de perfeição.

Pensando bem, esse poder não parece muito vir "de cima"; parece mais "uma coisa" que vem das profundezas. Ora, o que é esse "fundo" surdo e obscuro que no mais das vezes está "oculto"? Oculto ou ocultado costuma estar nosso corpo: por pinturas decorativas ou por roupas, na sociedade humana ele nunca é o que é. O surdo e obscuro seria então aquilo que não aparece, movimentos e tensões internas do corpo, mas também da mente, pois nossos pensamentos e nossos sentimentos não têm, por si mesmos, realidade física. Em outras palavras, **estamos indicando, de cambulhada, as forças do instinto, nossas paixões e pulsões mais inconscientes**. A natureza, ou a natureza humana, ou ambas: não é de espantar que **eu** "não seja páreo" nessa história.

O resultado dessa primeira análise deve agora ser pensado, ou seja, tornar-se objeto de reflexão.

2. Exame dos pressupostos

Portanto, em alguns casos não sou propriamente EU que estou em causa, porquanto não sou o verdadeiro autor. Neste caso sou um sujeito "submetido", em sujeição. Fui eu mesmo que falei e agi, mas não fui eu que decidi no exercício livre de minha vontade. O "outro" levou a melhor. No entanto – é de dizer –, embora esse "outro" seja a natureza (e em particular a natureza humana), ele não me é assim tão estranho: o que EU sou não está fora dessa natureza, mas faz parte dela. Contudo, a persistir essa tendência, não me reconhecerei nesses impulsos, nesses pensamentos e nesses comportamentos. Eles não me parecem **meus**, visto que não os forjei segundo uma consciência clara e uma decisão que me pertencessem no sentido de ser eu o senhor. Vemos, pois, que consciência e vontade constituem o lugar de minha identidade, aqui. Ainda que eu corresponda à educação que recebi ou à imagem que os outros fazem de mim, considero-as minhas por achá-las importantes para mim. Por isso, qualquer atitude que contrarie esse "eu" me levará a dizer: "É mais forte que eu", ou seja, será claramente rechaçada para "fora de mim".

Se percebermos todas as jogadas psicológicas que podem ser feitas nesse caso, como por exemplo dar um jeito de inculpar o "outro" como desculpa para o mau jeito, veremos que esse fenômeno não se explica com o costumeiro "jeitinho" de resolver as coisas.

Isto porque aí se delineia toda uma concepção do homem e do mundo, presente em dado momento da cultura ocidental. A dualidade espírito-matéria, presente no pensamento da Antiguidade grega, somada a outras influências, levará à valorização do homem como entendimento e razão em contraposição à natureza, que é pura realidade material cuja ordem manifestada vem de uma **inteligência ordenadora superior** (de Platão a Voltaire, passando por Descartes). Assim como Deus ordena o mundo, a Razão, no homem, deve ordenar o próprio homem, tanto individual quanto socialmente. Dominar o ambiente para transformá-lo em sede do humano, dominar as palavras, as maneiras e todo o comportamento é conquistar a civilização em oposição ao natural, ao espontâneo, ao grosseiro (ver, a respeito, o filme de Truffaut, *O garoto selvagem*, extraído do relatório do Dr. Itard, editado em *As crianças selvagens* de L. Malson*). Vencer a desordem imanente à natureza requer uma vigilância a toda prova; uma desatenção, e a "natureza retoma seus direitos". Portanto, caberia desenvolver aqui tudo o que diga respeito à relação entre natureza e cultura.

Assim também, conviria notar que, a partir daí, se elabora toda uma reflexão sobre o sujeito moral. Responsável porque livre, e livre porque consciente e reflexivo, sua vontade permite-lhe concretizar decisões, orientar comportamentos, modificar ou criar tal processo. Por isso, no livre exercício consciente da vontade – trata-se de bem ou de mal – o sujeito é responsável. Em compensação, se o domínio de sua autonomia parecer ter sido confiscado, à sua revelia e contra a sua vontade, **ele será vítima**. "Foi mais forte que eu": ele não tem mais a relação de forças a seu favor.

Contudo, observe-se a sutileza de que aí não cabe compaixão: se de fato "alguma coisa" foi mais forte que ele, isso aconteceu porque ele baixou a guarda! Passa por uma vez; mas será indesculpável se virar hábito!

Percebe-se então que a dualidade não é de modo algum neutra: ela permite expressar onde se situa a linha divisória entre valores positivos e valores negativos. Portanto, desvela-se toda uma concepção filosófica assim que procedemos à análise dessa expressão tão prezada por alguns: na diversidade das reflexões de toda uma tradição filosófica, domina essa figura de homem "em luta com" a natureza.

3. Pistas de reflexão

Diante dos subentendidos filosóficos revelados pela análise do que parecia ser uma frase bem anódina, parece difícil parar por aí. Há comentários e críticas por fazer.

▸ **Não faltarão críticas** do lado de Nietzsche* e de Freud*, por exemplo. Na crítica nietzschiana talvez coubesse aprofundar dois aspectos. Por um lado, a denúncia da pretensão humana a colocar-se como interlocutor, como rival ou até como senhor da natureza. Desse modo, mesmo a "escorregada" que consiste em dizer "Foi mais forte que eu!" expressa o imenso orgulho do homem, seu narcisismo e sua extraordinária jactância. Por outro lado, há a crítica dessa necessidade que o homem sente de criar para si entidades bem fixas e identificáveis, objetos de admiração ou repulsão, de bem ou de mal, que, assim como a "cenoura e o bastão", organizem impecavelmente a existência, dando-lhe motivações e segurança, em vez de levá-lo a ousar "querer sua própria vontade [...] ganhar seu próprio mundo" (texto nº 15, p. 40 – *Premières Leçons de Philosophie**). A mesma denúncia se encontra em Freud, quanto ao primado da consciência, sede das pretensões ilusórias: nele "o ego não é senhor"; será preciso contar com um "algo", um "isso", um "id", mais complexo que o instinto ou as paixões dos clássicos. Precisamente inefável, esse "algo" deverá ser pensado em termos psíquicos, pulsões de vida e de morte, ao qual se acrescentariam um "superego", um "ego ideal" e um "ideal do ego".

▸ **Uma segunda pista de reflexão se constituiria em termos de críticas... a essas críticas.** Isto porque, nelas, ou o homem se anula na natureza – e Nietzsche é bem obscuro nesse aspecto –, ou o homem é pensado como lugar onde atuam as instâncias contraditórias da natureza e da cultura, maltratado por um conflito no qual ele não arbitra grande coisa. De fato, por que supor uma espécie de outro "eu" em mim? (Freud: texto 19, p. 50 – *Premières Leçons...**). Esse é o aspecto ressaltado por Sartre: em vez de supor um inconsciente fora do alcance do sujeito, pergunta-se: por que os fatos psíquicos seriam tão estanques entre si se são vividos por um mesmo sujeito? Se é verdade que o sujeito constitui o nó onde atuam e articulam-se os diversos fatos psíquicos, se ele os vive, então é preciso retomar e repensar a questão da consciência que, não sendo um conhecimento no sentido elaborado do termo, parece coextensiva a toda realidade psíquica vivida pelo sujeito. Daí, conviria mostrar que a dualidade é própria da consciência. Toda consciência, sendo "consciência DE" (cf. "intencionalidade" segundo Husserl), coloca perante si mesma como "objeto" aquilo de que tem consciência. Por isso, uma frase e um gesto imediatos e sem reflexão, se "olhados" por minha consciência, serão simultaneamente avaliados por ela segundo certos critérios, diferentes dos critérios que tenham motivado tais atos espontâneos. Ora, a própria distância criada ao se tomar consciência deles constitui precisamente a margem de manobra que usamos para recusar, **des**conhecer em vez de **re**conhecer essas motivações iniciais. Então diremos: "Desculpe, foi mais forte que eu!" E aí se aplicaria a célebre análise sartriana da má-fé, que pretende substituir a análise do inconsciente freudiano.

▶ **Uma última pista de reflexão exploraria as condições de possibilidade de passar da noção renovada de consciência à de pessoa.** Se esta for interpretada como um edifício, mas que não se constrói por acumulação de "materiais" compactos e fixos, e sim no ato incessante de significar (cf. Parte 3, análise I, 3, p. 88), será possível mostrar que, ao dizermos "Foi mais forte que eu", **negamos** a pessoa. Esta se apaga diante de outras instâncias e as instaura como atrizes plenas da pessoa. É essa, por excelência, a arte de esmerar-se em não existir: fico passivo diante de determinações (pulsões, educação, outrem...) que não reassumo.

Assim, não é só minha multiplicidade luxuriante e contraditória – portanto minhas ambigüidades – que renego ao dizer "Foi mais forte que eu!", mas provavelmente muito mais: minha pessoa, minha existência como "difícil liberdade".

IV. "É um direito meu!"

1. Análise dos termos
Freqüentemente exclamativa, essa afirmação de vez em quando também pretende ser reivindicativa. Ora, o que ela significa além da compreensão imediata que possibilita? Quais são seus pressupostos?

► Ao investigarmos a exclamação, é certamente o termo "direito" que domina, evocando de saída "lei" e "regra". Embora leis e regras sejam da alçada social, esse não é seu domínio exclusivo. Aqui, com "é um direito meu!", pode-se estar falando tanto do direito positivo, oficial e escrito, prescrito para todos os cidadãos, quanto do direito moral que cada um discerne "em sua alma e em sua consciência".

Assim, a primeira idéia é efetivamente a de "estar de acordo com as normas", não apenas no sentido de não cometer infração, mas também de ter "autorização para". É quando surge a suspeita de que alguém vai contestar esse direito ou quando ele já está sendo recusado que se proclama: "É um direito meu!", eventualmente tanto do ponto de vista jurídico quanto do moral.

O termo "direito", além dos esclarecimentos que acabamos de fazer, merece ainda alguma atenção. Com efeito, dizer "é um direito meu" pode designar, de um lado, aquilo a que tenho direito, ou seja, o que considero ser-me devido, o que me cabe por justiça, mas, de outro lado, também pode designar o que não é proibido, isto é, aquilo que estou autorizado(a) a fazer. Quem diz: "Tendo eu 18 anos e sendo cidadão deste país, tenho o direito de votar" deixa claro os dois aspectos da questão: como cidadão, essa forma de expressão é uma obrigação, e é ao mesmo tempo um ato que estou autorizado a realizar; podendo o direito exprimir também um dever – "eu devo" –, meu direito de voto é também meu dever de cidadão. Em compensação, quem diz: "Com 18 anos e uma carteira de habilitação no bolso, tenho o direito de dirigir" significa que isso não é proibido, mas também não é uma obrigação!

▶ **Feitas essas distinções em relação ao termo "direito", por que afirmar que o direito é "meu"?** O que designa aqui esse possessivo?

Não haverá aí algo de contraditório, no sentido de que o direito não é justamente um assunto individual? Se meu direito não é o direito do outro, que tampouco é o direito de um terceiro, não havendo caráter público no que vale como direito, pode-se ainda falar de direito? Cada um estabelece como seu e como existente aquilo que faz, e pronto.

Quando digo "é um direito meu", pareço estar designando também o poder pessoal que detenho quando acredito ter direito a isto ou de fazer aquilo, liberdade que me outorgo ou que julgo estar em conformidade com o direito em vigor ao qual faço referência.

Assim, neste último caso, "um direito meu" não entra necessariamente em conflito com o direito estabelecido. Ao contrário, faço apenas valer o direito em sua dimensão concreta, isto é, exigir sua aplicação em nível pessoal, portanto também à minha pessoa. Em compensação, ainda que eu acredite "ter direito a" ou que me outorgue tal liberdade, o "meu" direito pode estar em oposição ao direito publicamente proclamado.

2. Exame dos pressupostos e pistas de reflexão

É então que se revela a problemática subjacente à reivindicação "é um direito meu!". De fato, se me oponho desse modo ao direito estabelecido, em nome de que faço valer um outro direito, ainda por cima "meu"? Em que seu valor é superior ao das leis vigentes para que o meu direito possa pretender prevalecer sobre elas? Em face do direito que rege toda a coletividade, que peso pode ter efetivamente o "meu" direito? Enfim, e sobretudo, como se explica em mim esse clamor "é um direito meu!", que talvez se volte contra tudo e contra todos? De onde provém esse sentimento de verdade e de exigência profundas? Terá fundamento?

► **Uma primeira perspectiva** poderia agrupar as respostas que realçam o caráter natural do que me impele a reivindicar o que considero como "meu direito": **a natureza dentro de nós exige** que se cumpram as realidades mesmas de nosso ser, e a sociedade, em nome de outros imperativos, pode esquecê-las, negligenciá-las ou ignorá-las deliberadamente. Fazê-las valer como "direitos" é lembrar que elas são fundamentais, e que devem preceder outras exigências que são mais dependentes das convenções, portanto mais arbitrárias. Mas quais são elas?

Comecemos simplesmente pelas exigências mínimas ligadas à vida, a tudo o que a possibilita e faz desenvolver-se. Assim, todo o meu ser se revolta e se insurge quando agredido pela fome, alterado pela sede ou destruído pelo frio. Reivindico então o direito de viver, visto que minha própria vida exige vida.

Todavia, logo se percebe que as exigências naturais do homem não se limitam a isso: viver, para um ser humano, é também ter família, receber educação, aprender e trabalhar, organizar a própria existência. Assim, quando pede o direito a sepultura para o irmão morto como "traidor da pátria", Antígona (cf. o teatro de Sófocles*) opõe às leis do Estado o seu direito de ser humano, cuja natureza transcende qualquer decisão, lei, costume: não importa de que ordem sejam, essas leis jamais passarão de convenções em face da universal natureza humana que tem suas exigências próprias, impondo-se com uma força que lembra a do instinto. Nessa perspectiva, portanto, a justificação inerente à expressão, o fundamento a que ela remete e que não identificávamos de início, parece claramente pertencer à noção muito filosófica de direito natural, seja segundo a concepção antiga e a de algumas correntes ecológicas, que tomam como referência aquilo que, em cada um, está ligado à Natureza, seja segundo Rousseau e outros pensadores do "século das Luzes" para quem "meu direito" tem raízes e fundamento em minha natureza humana.

Assim, afirmar que "é um direito meu" faz clara referência àquilo que constitui o mais essencial de meu ser: aquém de qualquer arbítrio convencional, a natureza em mim exige o que lhe é devido, e isso é o que parece conferir à expressão caráter reivindicativo e profundo tom de verdade. É também o que conferirá autoridade à idéia de "direito natural". Isto porque nesse caso não tento fazer valer o meu direito, aquele que só contemplaria a mim em face do direito dos outros, isto é, do direito que de qualquer modo provém dos homens. Ao invocar a própria natureza, ponho-me acima das convenções, acima dos próprios homens em suas decisões de homens, num nível de incontestável necessidade.

▶ **Uma segunda perspectiva apontaria as dificuldades de tal justificação.** Olhando mais de perto, poderemos não só ver que a natureza "tem ombros largos" e parece capaz de justificar praticamente tudo o que quisermos, conforme o que nela virmos e segundo a concepção que dela tenhamos, como também poderemos perguntar, indo mais fundo: natureza e direito são da mesma ordem?

• Para retomar, num primeiro momento, a questão do "direito meu", que está enraizada na exigência mesma da vida, a única coisa evidente seria a idéia subjacente de que a vida, por mais modesta, atrofiada ou monstruosa, tem valor. Mas em relação a quê? A quem? Se a natureza, por meio de sua dinâmica criativa, elimina os fracos e os malformados, conservando apenas os mais aptos ("seleção natural" segundo Darwin), e se ela é precisamente admirada e tomada como referência por essa razão, então é bem possível que eu, sendo fraco, disforme ou "inferior" por quaisquer razões naturais, não tenha direito algum a viver! Ao contrário, o melhor serviço que eu poderia prestar à natureza seria desaparecer ou apequenar-me o máximo possível! Tal concepção que impossibilita a própria idéia de fazer valer "meu direito" não é, aliás, exclusivamente darwiniana no sentido evolucionista.

• Retomemos num segundo momento o argumento segundo o qual me apóio na natureza para conferir autoridade incontestável ao que considero um "direito meu".

Notemos que existe certo perigo em partir do fato para erigi-lo em direito: não será isso considerar direito o poder de que cada um naturalmente dispõe? Examinemos então a reivindicação: o que estamos dizendo?

"Já que tenho o poder de fazer isto ou aquilo... tenho igualmente o direito de fazê-lo, no sentido de que esse poder, sendo meu, sendo 'minha propriedade', é 'meu' direito. Logo, 'eles' (os outros, a sociedade) não têm direito de tirar-me esse direito: ele me foi dado pela natureza!" É o caso do pai que considera ser seu direito fazer o que quiser do filho, por ser seu filho, e que não entende por que a lei o retiraria.

Mas se meu direito é função de meu poder natural, por que falar de direito? É a denúncia de Rousseau (cf. texto nº 9, p. 24, *Premières Leçons...**). É também a posição de Cálicles (*Górgias** de Platão), para quem invocar "meu direito" só tem por função eliminar as leis que, instauradas pelos homens, retificam a lei natural da força, pois, em relação à natureza, isso é evidentemente um erro!

Assim, a palavra "direito", que desempenha papel puramente estratégico, desaparece para dar lugar ao "poder".

• Prossigamos a análise sublinhando, num terceiro momento, a dimensão extraordinariamente individualista de nossa expressão. Isto porque, com "meu", o que ganha precedência é minha pessoa, e isso às vezes é tão perceptível na entonação da voz que não resta nenhuma dúvida sobre o sentido emitido: minha pessoa deve ser considerada: "Eu existo, e vocês parecem ter esquecido isso!", ou mesmo: "Primeiro eu!"

Se também é verdade que a maneira mesma como se efetua o fenômeno de consciência supõe um sujeito a organizar o mundo a partir de si, considerando-o "como" algo que está perante si ou em torno de si, então deve-se dizer que "é da natureza das coisas" que cada um se considere, ou pelo menos tenha grande tendência a considerar-se, o centro do mundo.

Com isso, "é um direito meu!" passa a ser a afirmação de meu "eu" na pluralidade de seus gostos, desejos, sentimentos e atitudes, sejam eles quais forem, pois somente o indivíduo é natural, enquanto a sociedade, constituindo-se de maneiras diversas a partir dos indivíduos, é concebida como totalmente artificial. Assim, em tais perspectivas, das duas uma: ou a expressão desbragada do "ego" ("eu") que flerta com o egoísmo mais desenfreado desemboca no choque de todos contra todos até a ordem final, a do mais forte (e nesse caso nenhum direito se sustenta), ou a hipotética "mão invisível", segundo Adam Smith (filósofo e economista escocês do século

XVIII), mantém em idílica harmonia a livre ação dos interesses individuais mais egoístas (e nesse caso... tampouco se falará de direito: conta apenas o fato individual).

▸ Ora, **caberia a uma terceira perspectiva de reflexão a tarefa de mostrar** que, de fato, a expressão assume todo o seu sentido dentro de certo contexto cultural ocidental que confere valor de autonomia ao sujeito individual, valor que o direito reconhecerá, especialmente ao enunciar a Declaração Universal dos Direitos do Homem. Todavia, como parece difícil ficarmos limitados às interpretações acima se quisermos que o termo "direito" continue tendo sentido, convém elucidar a questão, desenvolvendo a idéia de que quem diz "É um direito meu!" não está querendo expressar "tudo e qualquer coisa".

Com efeito, ao proferir essa frase tenho idéia do que deveria ser e existir para mim, e que está além do fato existente que não exprime esse ideal. Ora, qual é esse ideal? Não estará ele no reconhecimento, em primeiro lugar, do fato de que, precisamente, eu o penso? Em outras palavras, não estará ele no fato de que, em vez de me limitar ao puro dado, tomo distância para me posicionar de modo autônomo, e prescrever aquilo que deve servir-me de referência enquanto ser humano, isto é, minha liberdade?.

"Meu direito", nesse caso, é a exigência de que seja posta e reconhecida em mim a dimensão própria da humanidade. Sendo assim, a autonomia, a dignidade e a liberdade afirmadas e reivindicadas não são exclusivamente minhas, nem as de uma individualidade qualquer, mas sim as da **humanidade presente em minha pessoa**. Por conseguinte, se é minha humanidade que cumpre fazer valer, enquanto valor devo fazê-la valer também em

Outrem. "Meu direito", então, em vez de cercear o direito dos outros, valoriza-o, pois é a mesma dignidade humana que deve ser respeitada. Incontestavelmente, as análises de Rousseau* (*Contrato social*, cap. IV) ou de Kant* (texto nº 12, p. 32, *Premières Leçons*...*) seriam preciosas neste caso.

Essa expressão corrente, exclamação que qualquer um de nós pode se surpreender a proferir, apesar de sua simplicidade aparente, é extremamente complexa. Está no centro de uma verdadeira rede de significações à qual se conectam várias concepções filosóficas do homem e da sociedade, entrecruzando-se considerações psicológicas (poderíamos falar dos danos do "recalque" revelados pela psicanálise, cuja indicação seguramente tem que ver com nossa expressão – liberação do "eu" –) mas também do âmbito da filosofia política e da filosofia moral, dando ensejo a belas meditações sobre natureza, cultura, consciência, razão e liberdade humana. Vasto programa...

V. "É verdade porque eu vi!"

1. Análise dos termos

A afirmação é sem réplica: a prova aí está. Nenhuma contestação possível: eu vi! Evidência que nos faz aceitar sem reservas o que é dito. Mas de que evidência se trata? E, em última análise, é ela... tão evidente?

▸ À primeira vista, a frase põe em jogo dois elementos: ver e dizer: "É verdade." Se o primeiro parece ser simplesmente uma operação sensorial, ato de visão, o segundo já requer mais atenção: o que fazemos ao dizermos: "É verdade"? Parecemos caracterizar a partir de um ponto de vista que, não sendo no caso moral nem estético, é mais de ordem intelectual e lógica.

Ora, o *que* caracterizamos quando dizemos: "É verdade"? Aquilo que vemos? A rigor, não, porquanto é o fato de ter visto que nos leva a dizer: "É verdade." Há anterioridade lógica do "ver" sobre a afirmação de verdade: o que causa essa afirmação é ter visto.

Precisamos então pôr em jogo um terceiro elemento: aquilo a que atribuímos o caráter de verdade, e que na frase está oculto. Mas o que designa esse elemento oculto? Não será, como dissemos, o real que enxergamos. Porque esse real que está diante de nossos olhos não é verdadeiro nem falso; ele **é**, simplesmente! Em compensação, é verdadeiro ou falso o que dele se diz. Em outras palavras, o caráter de verdade é atribuído não à realidade, mas à afirmação **sobre** a realidade.

Assim, quando digo: "É verdade, porque eu vi!", sou eu que emito um **juízo de valor a propósito de um enunciado sobre uma realidade**. Considero como verdadeiro o que é dito de tal realidade.

Certo. Mas o que me permite julgar verdadeira a afirmação feita sobre a realidade? É o fato de, como disse, "eu ter visto". Explicando: **ao comparar o que é dito da realidade** com **essa realidade em si que estou vendo**, JULGO haver **concordância** entre as duas. Assim, se esse é o sentido comumente dado à frase, podemos nela detectar o célebre critério de verdade da filosofia escolástica herdado de Aristóteles*: a adequação entre coisa e espírito, no sentido de que meu juízo é verdadeiro se o que houver na realidade "corresponder" ao que dela penso.

▶ Todavia, ainda que baste esclarecer que o que eu penso da realidade é o que dela digo, será suficiente dizer que a realidade é **aquilo que dela vejo**? Existirá essa coincidência? E, se existir, como saber que existe?

Nossa "frase cotidiana" não se embaraça com tais perguntas. Ela não as faz, pois, segundo a opinião comum, *não vêm ao caso*, por ser considerada evidente a coincidência perfeita entre o que vejo e o que é.

A rigor, existem portanto dois problemas de concordância, mas para a opinião comum o problema da verdade se situa no nível da primeira concordância, a existente entre um juízo sobre a realidade e essa realidade mesma que apreendo quando a vejo. Vê-la permite arbitrar entre o que dela se diz e o que ela é. O elemento decisivo é este: "Basta ver."

Mas o que é ver? Alguém dirá que é receber a realidade por intermédio da visão. Note-se que ninguém se detém no fato que deveremos aqui qualificar de visão de *intermediário*, tão vivo é o sentimento de apreensão direta, neutra e perfeitamente transparente da realidade que existe fora de nós.

Dizer: "Eu vi" equivale a dizer: "Existe", e "existe como vi". Essa é a evidência presente aqui.

2. Exame dos pressupostos

Se é **por meio** da visão (entre outros sentidos) que nos chega a realidade, não há portanto, no encontro com o real, esse caráter **direto** que supomos. Sendo assim, é lícito considerar que o próprio meio constitui já certa realidade, e que, em relação à transparência pura, a **opacidade** do instrumento é inelutável, ainda que seja para apreender **melhor** a dita realidade.

A desconfiança aumenta quando consideramos que todos podemos "ver uma porção de coisas" que nem por isso constituem realidade exterior.

"Ter visões", convenhamos, é algo que tem um caráter pejorativo. Ora, se nem todos temos alucinações, em compensação todos sonhamos. Então, por que aquilo que vemos em sonho não é invocado para comprovar a verdade de uma afirmação? Porque o sonho – responderemos – não é precisamente realidade! Bela evidência é essa também que conviria investigar: como sabemos disso? O simples fato de "ver" permitirá traçar a diferença? Leiamos a respeito a *Primeira meditação* de Descartes*, na qual se diz que só podemos falar de visões com caracteres diferentes, pois o simples fato de "ver" não permite distinguir as imagens e as lembranças da realidade produzidas pelo **espírito**, das imagens da realidade produzidas pela realidade, podendo estas últimas até ser imagens deformadas da **realidade**. Vamos ainda mais longe: "Ver estrelas" é ter uma visão em nada semelhante àquilo que a provocou: um soco, por exemplo.

▶ **Que ensinamento tirar dessa primeira suspeita?**

As situações evocadas mostram que, apesar de sua diversidade e da relação ou não com a realidade, subsiste uma espécie de verdade específica à sensação, o que leva Aristóteles a dizer: "Cada sentido julga acerca de seus sensíveis próprios, e não se engana quanto ao fato cor ou som, mas apenas quanto à natureza e ao lugar do objeto colorido ou sonoro" (*Da alma**).

Em outras palavras, a verdade de minha visão... é ver o que vê e ver mesmo. Enquanto sensação visual, não é ela que está errada: ela de fato sentiu o que sentiu.

É provavelmente aí que se forja a força de nossa evidência comum, na experiência pessoal do "ver": seja lá o que se veja, há uma realidade da visão, ainda que nem sempre haja uma visão da realidade.

Tomar consciência dessa "verdade sensível" é também tomar consciência de que a estendemos abusivamente à identificação do objeto ao qual se relaciona a visão. Ora, essa identificação pode ser falsa! No entanto,

não faz ela parte desse ato global que é "ver" quando dizemos: "É verdade, porque eu vi!"?
Ver é somente "ver"?
Se ver não é apenas perceber formas, cores e volumes visualmente, mas também identificar uma coisa como um cubo, outra como uma ponte desmoronada etc., pode-se dizer que "ver" é exclusivamente de ordem sensorial?

Identificar é "sentir"?

Identificar é atribuir identidade ao se detectarem características próprias a um ser ou a uma situação. Em outros termos, é operar agrupamentos de todas as ordens, é selecionar utilizando todos os sentidos, mas também a memória, a imaginação e a inteligência conceitual. Na verdade, "ver" uma ponte desmoronada é *julgar* que uma ponte desmoronou; pois, em realidade, o que vejo em sentido estrito? Vejo pedras, amontoadas e separadas, barras de ferro, pedaços de madeira, talvez, mais ou menos montados, uns no fundo do córrego e outros ainda presos em ambos os lados das amuradas... os detalhes visuais poderiam acumular-se, e seriam apenas um amontoado de sensações visuais, nada mais. As análises de Descartes ou de Kant mostram-se então indispensáveis (textos nº 6, p. 16, e nº 10, p. 27, *Premières Leçons de Philosophie**). É em virtude de múltiplas conexões que interpreto esse conjunto visual, primeiramente como conjunto, a seguir como realidade significativa de "ponte desmoronada", supondo saber e lembrar o que é uma ponte, supondo saber distinguir que ela está desmoronada e não em construção etc. Vamos adiante: se estou face a face com um tigre, tenho um excelente conjunto visual. Todavia, ainda que os elementos visuais possam ser semelhantes, as situações serão totalmente diferentes se o animal estiver sonolento ou se for obediente, se estiver atrás de uma grade ou se estiver em liberdade, diante de um apetitoso desconhecido, por acaso eu. Na verdade eu não vejo, ou, mais exatamente, **ao ver, avalio certa situação**: é o **ato de significar** que situa os elementos visuais uns em relação aos outros.

Assim, no cerne do "ver" o espírito trabalha numa verdadeira organização dos dados sensoriais, enquadrando-os e situando-os numa relação de sentidos.

▶ Dizer: "É verdade porque eu vi!" significará então que **minha própria avaliação da realidade, em virtude do "ver" que tenho dela**, *corresponde* à **interpretação da realidade que me é proposta**. É a *coincidência entre os dois juízos* que me leva a dizer que algo é verdade: uma primeira apreciação da realidade me é proposta – a ponte desmoronou; interpretando o que vejo **como** "ponte desmoronada", digo: "É verdade!..." O que eu negaria – "É mentira!" – se houvesse discrepância entre os dois juízos, fosse o erro imputável a mim ou não... Sendo o erro um erro de juízo, o "ver", no sentido ao qual estava supostamente reduzido, cede lugar ao **novo árbitro** que é meu **juízo da realidade**.

3. *Pistas de reflexão*

▶ Já que dizer: "É verdade porque eu vi!" é fazer do "ver" o árbitro capaz de estabelecer a verdade de tudo o que se possa dizer sobre a realidade, poderemos considerar que, com isso, privilegia-se o *estar no real* – o que supõe "ver" – em relação ao *falar do real*. Mais fundamentalmente, o **subentendido** consistiria em recusar o distanciamento exigido por qualquer "declaração sobre", para afirmar que, **para além de todos os juízos sobre o real, "só o próprio real decidirá"**, no sentido de que "ver" é a única instância válida, a única referência, o único **critério de juízo**.

Esse juízo, que rejeita qualquer juízo como mediação portadora de erro, repousa na ilusão de que "ver" apresentaria exatamente como são, na imediatez e na transparência absolutas, não apenas a realidade objetiva do que é visto, mas também os critérios que permitem ao espírito afirmar: "É verdade!"

Em realidade, essa magnífica falsa evidência é um exemplo de primeira. Por um lado, constitui a reserva inesgotável em que são fomentadas as mais belas manipulações com que os homens se deleitam; por outro, levanta o problema de saber o que é conhecer, com todas as dificuldades que filósofos e cientistas deverão enfrentar.

▸ Implicações psicológicas e sociais da evidência

• A análise mostrou que uma espécie de "verdade da sensação" poderia estar na origem do que nos parecia ser o caráter direto de um encontro com o real. O problema é que, em vez de nos limitar à modéstia do que essa verdade representa, estendemos ilegitimamente essa certeza da sensação visual ao que em seguida já não é mais ela, pois a reflexão mostra que o mais simples "ver" constitui desde o início uma experiência global complexa *que interpreta* o real.

• A vida cotidiana oferece inúmeros exemplos de erro e de manipulação.

Assim, as mais diversas realidades podem dar-se "a ver": um retrato pintado, uma fotografia e um filme, ao mesmo tempo que remetem a determinada realidade, são também uma realidade, a realidade própria deles, que "eu vejo". Certo, não vejo *diretamente* a realidade a que eles remetem, mas assim mesmo sou eu efetivamente que vejo o que vejo, a saber, uma imagem. Assim, não deixa de atuar a força de verdade da sensação em si mesma, embora se possa dizer que a "visão" já é de "segunda mão".

Quem me propuser uma imagem do real só poderá propor-me um recorte seu, sua própria síntese, em virtude do sentido com que investimos toda apreensão visual do real. Todavia, a evidência da transparência e da neutralidade do "ver" se mantém: tenho portanto a impressão de estar vendo, "como se estivesse lá!" É nesse ponto, evidentemente, que se inserem as manipulações possíveis. Mencionaríamos até, além da maneira de fotografar ou de filmar, as modificações hoje em dia comuns: substituir uma pessoa filmada num lugar por outra filmada em outro, suprimir ou acrescentar um detalhe... E quando, amanhã, as imagens de laboratório vierem concorrer com as imagens "naturais", procurando com elas se confundir, será que poderemos mesmo ter certeza de que a afirmação: "É verdade porque eu vi!" terá perdido qualquer valor?

• Mais perniciosas são as variações procedentes de *interpretações que enquadram minha própria interpretação* da realidade que vejo. Assim: "Essa facção realizou verdadeiros massacres: vejam!" E eu vejo pilhas de cadáveres e digo: "É verdade!" Em realidade, o que foi que vi, a não ser cadáveres? Como sei que são resultado de um massacre, e não de uma epidemia devastadora e fulminante? Que a autoria foi da facção acusada, e não da que acusa? "Ver", sem o auxílio de outros elementos, não permite em absoluto responder. Todavia a armadilha funciona bem, pois *o que nos interessa no que vemos é primeiramente o sentido que aquilo assume*. Eis por que nem sempre "enxergamos muito bem", negligenciando aqui algumas lacunas, ali alguns detalhes que ameaçariam pôr em xeque a interpretação satisfatória e... acomodatícia.

▶ ***Dimensão epistemológica da afirmação.***
Esses exemplos, embora procedam da vida comum, são também particularmente representativos dos proble-

mas que deverão ser enfrentados por qualquer ciência interessada em oferecer algum conhecimento do real.

- A História constitui certamente o lugar privilegiado em que se colocam as dificuldades de tal afirmação: "É verdade porque eu vi!" O que "vê" o historiador? Ele, nada; mas dispõe de testemunhos diversos, inclusive e sobretudo dos "que estavam lá", e que portanto "viram tudo!" São estes os mais bem situados? Nada garante... lembremo-nos do herói da *Cartuxa de Parma**, contando o que vê da batalha no centro da qual se encontra. Na verdade, sendo o que se vê função da maneira pessoal de abordar a situação, quem conta a história nada vê e nada compreende do ponto de vista no qual se encontra; com maior razão ainda, ignora que aquela é a batalha de Waterloo. No entanto ele está lá... Os testemunhos devem portanto ser decifrados, mas também devem ser decifrados vestígios e sinais de todos os tipos, por simplesmente **constituírem** o próprio acontecimento. Quanto a **compreendê-lo**, que sinais deixam as motivações humanas que intervêm na produção de um acontecimento? Assim, estaríamos mostrando que "saber o que aconteceu" não depende absolutamente do "ver" no sentido ingênuo do termo, mas da interpretação, do juízo que, para ser o mais correto possível, exige a elucidação cruzada de múltiplos meios de conhecimento.
- Embora possa parecer surpreendente, o mesmo acontece em física ou biologia. Vários exemplos evidenciariam que não haverá nenhum conhecimento do real se não houver um **"real pensado"** antes de haver um real **visto** e *para que* ele seja visto, isso quando há o que ver. Assim, o astrônomo Le Verrier descobre um planeta que não "vê", ao passo que o próprio Galileu, dois séculos antes, o havia "visto" sem prestar atenção nele; ou então que dizer da eletricidade que, apesar de todas as

experiências feitas para ser captada como coisa, nunca será "vista" de modo evidente (cf. Bachelard*)? Medicina e biologia permitem o mesmo tipo de considerações: que há de mais decepcionante, de menos significativo "à primeira vista", que o aspecto exterior de um encéfalo, de um fígado, de um ovo, de um embrião? Vemos e nada enxergamos. O que é verdade então?

Assim, enquanto se ativer a um modelo interpretativo do real de tipo exclusivamente físico-químico, a biologia não "verá" aquilo que é constituído pelos elementos de que dispõe. Em compensação, quando Watson e Crick interpretaram em termos de linguagem e de informação a estrutura molecular do DNA, então todos "vimos" e compreendemos o que é a realidade genética do ser vivo. Cabe a Bachelard – *A formação do espírito científico** – o mérito de ter mostrado claramente que **ver**, tanto em seu sentido sensacionista quanto em seu sentido figurado de interpretação, pode representar um verdadeiro papel de obstáculo epistemológico.

• Todo o percurso da pesquisa científica é então um incessante questionar das evidências comuns, e seus progressos mesmos a levam para as questões cruciais em que a INTERROGAÇÃO FILOSÓFICA a havia precedido.

Partindo da evidência do fato sensível, busca-se compreender, justificar essa evidência, isto é, pensá-la, e não mais senti-la apenas; encontrar as razões que permitam dizer: "É verdade!", em vez do "sentir" mudo. Assim Epicuro, em sua *Carta a Heródoto**, explica que uma réplica dos corpos, materialmente mais sutil, se imprime sobre o olho. Ela não é reflexo do objeto, mas o objeto real, do qual emana uma cópia semelhante. Desse modo, está garantida a realidade do mundo exterior pela verdade da sensação em sua coincidência total com o real; assim também, falsos juízos, erros e ilusões proviriam daquilo que é acrescentado por nossas opiniões.

• No entanto, a evidência se fende: como é feita a conexão entre o que penso ou digo do real e o real percebido tal qual é? A dificuldade está em sentirmos que os dois níveis de apreensão do real não são da mesma ordem: um diz respeito à formação de idéias para a apreensão intelectual, e o outro, à percepção para a apreensão sensível. Um abismo parece separá-los, e cada um parece apresentar caracteres específicos.

Ora, esta última pormenorização vem acrescentar ao problema já existente da conexão entre dois modos de apreensão do real o problema da **objetividade** dessa apreensão. De fato, se os meios de que disponho para apreender o real têm características bem precisas, o real que chega até mim não conservará algum vestígio dessas características? Ora, como fazer a repartição entre o que pertence ao sujeito e o que pertence ao mundo? Será mesmo possível afirmar com todo o rigor... que há mundo? Pois, afinal, é o próprio sujeito que faria essa afirmação, logo a partir de seus critérios próprios!

Em lógica estrita, é rigorosamente impossível. Seria preciso um "terceiro termo" que pudesse garantir, *de fora*, a concordância entre nosso conhecimento do mundo e o que o mundo é "em si", para podermos dizer que esse conhecimento é verdadeiro. Ao que é preciso acrescentar que, se quisermos *poder **nós mesmos** afirmar essa verdade*, deveremos ter acesso aos critérios que a fundamentam.

A questão pode então deixar de ser estritamente epistemológica, e transformar-se em problema metafísico: Deus ou o Ser não possibilitariam essa garantia? É a posição a que Descartes será conduzido (*Terceira meditação**).

• Todavia, se nos recusarmos a fundar desse modo a ciência, restará "o espaço" delimitado por Kant: aquele no qual o que me é dado para pensar *também* me é dado para experimentar, ainda que esse dado, independentemente dos modos segundos os quais eu o apreenda, permaneça perfeitamente incompreensível para mim... para sempre.

Mesmo limitada ao que é apenas "humanamente pensável e cognoscível", continua apaixonante a aventura do homem em busca do mundo, e, para além da atividade propriamente cognitiva, revela-se a liberdade na qual ela se enraíza.

Assim, "É verdade porque eu vi!" constitui o enunciado que, mesmo não resolvendo nada como pretende, revela o conhecimento como tensão em busca de transcender o abismo que ele mesmo cava entre o homem e o mundo, abismo que, agindo no mais profundo de seu ser, abre o homem para o infinito.

VI. ANÁLISES BREVES

1. "O que é bom sempre acaba"
▸ **Apreender o enunciado.**

Ditado bem conhecido para dizer que durar não é típico das "coisas boas"; o que parece dizer, em compensação, que as coisas ruins, sim, podem durar! – Na verdade, quando estas não duram, nem tocamos no assunto, felizes que ficamos por estarmos livres delas! – Essa observação mostra que a tônica incide menos no caráter finito e efêmero das coisas do que propriamente no **pesar por não haver exceção para as "coisas boas"**. Assim se exprime a aspiração à satisfação ininterrupta: tendência natural a fugir da dor ou sede de absoluto? Evidentemente é tentador encetar a reflexão em torno desses temas.

Voltando ao ditado, porém, notaremos que seus termos – que devemos respeitar – falam simplesmente do "que é bom". Quanto ao tom, será ele essencialmente de pesar pelo caráter destruidor do tempo? Hesitamos. Por quê? Certamente porque, como ocorre com muitos ditados, paira sobre ele um ar de **sentença**: **é preciso** saber **reconhecer** que não se deve "exigir demais"! Viver permanentemente de coisas boas é **impossível**. **Contente-se** portanto com aquilo que você já teve a sorte de receber! **Desista** de achar que essas coisas poderiam durar. Seja grato por aquelas que já se apresentaram. Para sermos felizes, é esse o caminho da **sabedoria**. Em outras palavras, o bom da vida é aceitar que o que é bom sempre acaba!

▸ **Problematizar.**
Astúcia mental para evitar o tormento do desejo para sempre insatisfeito, ou atitude realmente fundada? Que fundamento(s) poderia(m) ser considerado(s)? O que é bom sempre acaba mesmo? Que entender por "o que é bom"? Não será o desejo nesse caso um tormento a cavar sempre mais fundo um abismo de frustração?

▸ **Esboço de um movimento de reflexão.**
• Seria interessante começar pela idéia de **aceitação sábia dessa realidade**, e desse modo o ditado ganha amplitude à luz de algumas considerações filosóficas subjacentes. Assim, para o estóico, o que os homens consideram "bom" não depende deles: saúde, amigos, riqueza, reconhecimento, paz etc. são coisas que dependem da intervenção de um número demasiado de fatores alheios à vontade e à ação pessoais para que pretendamos conservá-los uma vez obtidos. Se a felicidade tem esse preço, então é melhor saber que ela só pode ser fugaz e imprevisível, surgindo ou desaparecendo ao sabor das circunstâncias. Temos o "que é bom"? Ótimo, mas

não nos esqueçamos de que poderíamos não ter. Poderíamos acompanhar a exposição que Epicteto* ou Marco Aurélio* fazem sobre esses pontos, para chegar à célebre frase de Descartes* no *Discurso do método*, 3ª parte: "Mais vale mudar nossos desejos que a ordem do mundo", retomando o preceito dos estóicos da Antiguidade.

• É a partir desse ponto que a reflexão poderia dar um repique: **será que o desejo está sempre errado?** Por que só ver nele os aspectos negativos de falta, frustração, insatisfação e insaciabilidade intrínsecas? Desejar que o que é bom nunca acabe é algo tão ruim assim? Em vez de dizer que "nada se pode fazer", não será melhor, graças ao desejo, inventar e trabalhar para "mudar as coisas"? O que depende de nós talvez não se reduza, como afirmavam os estóicos*, ao meramente individual; e, mesmo nesse caso, será que o "campo de ação" do indivíduo não vai além de seu simples universo mental constituído pelo controle de seus juízos? Mesmo sendo este um bom poder, será o **único**? Estaríamos então desenvolvendo o papel criador do desejo em face do pensamento razoável de só pretender pensar o real existente, incitando apenas a viver a partir do que é, sem impulso inventivo.

• Numa última etapa da reflexão mostraríamos então: de fato, é ótimo que o "que é bom nunca acabe", contanto que aprendamos a lição das advertências estóicas. Em outras palavras, **em vez de pensar em termos de "ter" coisas, pensemos o bom em termos de "ser"**. Recobremos nossa independência para construir "o bem de nossa existência", não esperando mais que as coisas nos tragam o bem desejado; precisamos deixar de nos perder nas coisas, para haurir forças no âmago mesmo dessa aspiração, na liberdade que ela revela e na pujança criadora que ela secreta: aí está certamente o esboço de uma sabedoria diferente daquela que subjaz ao ditado, mais próxima por exemplo de Kant (texto nº 12, *Premières Leçons**) que dos estóicos*.

O pesar refugado que transparece por trás do ditado é então reformado e propelido como desejo produtor de uma busca, busca não mais de *coisas boas* mas do *Bem* próprio ao homem, **a todo** homem, **para** todo homem, e... **em** todo homem.

2. *"Calar é ouro, falar é prata"*
▸ **Apreender o enunciado.**

Provérbio conhecido que, em geral, aprovamos com entusiasmo ao pensarmos neste ou naquele sentido bem preciso que faz dele uma evidência para nós. Todavia, em vez de nos limitarmos a impressões imediatas, examinemos friamente a afirmação.

• De saída, pela estrutura mesma da frase, percebe-se a simetria a partir da qual se elabora a significação do provérbio: calar e falar, ouro e prata. Os dois primeiros termos parecem opor-se: falar produz sons, calar é a ausência de sons, é silêncio. Todavia, a rigor, cabe dizer que não proferir palavra é ficar mudo. Ora, ainda que haja certo silêncio da mudez, será realmente possível dizer que todo silêncio é "mudo"? Porque, mesmo não proferindo sons, o mudo pode exprimir-se por outros tipos de sinais. Por esse motivo, há silêncios "que falam muito", isto é, que exprimem sentido. Assim, o que poderíamos ter tomado por oposição é antes uma **diferenciação no próprio ato de significar**.

• Por isso, o ouro e a prata podem ser apreendidos segundo o mesmo princípio. Ambos são metais, e a diferença entre ambos está no valor; um não se opõe ao outro, mas simplesmente um é superior ao outro: o ouro é considerado mais precioso que a prata, e esta, por sua vez, continua sendo mais preciosa que o bronze, o ferro ou outros metais. Assim, para usar o mesmo modelo de caracterização, diríamos que calar e falar devem ser compreendidos um em relação ao outro como **diferenciação no âmbito do valor de expressão**.

O provérbio significa então que falar é bom, e que calar é melhor ainda, mas, a rigor, não constitui uma condenação total da linguagem.

▸ **Esboços de um movimento de reflexão.**

• *Num primeiro momento*, será conveniente evidenciar **o que justifica** essa apreciação. Várias razões são identificáveis. Assim, diante da profusão de palavras – muitas vezes vazias ainda por cima! – tem mais valor o silêncio da **reflexão** ("Conta até dez antes de falar"). Em face do caráter distanciado, indireto e mesmo abstrato da linguagem (*dizer* que estamos com dor de dente não é o mesmo que *sentir dor de dente*!), seria ressaltado **o que o silêncio parece revelar de contato direto, de comunhão íntima e intensa** ("as palavras se tornaram inúteis..."). Em face da multiplicidade de palavras, frases, discursos, estariam sendo realçadas a forma única do silêncio e a idéia de **concentração interior**, quando não de **relação com o divino** (prece contemplativa) que ele evoca. É provavelmente nessa perspectiva que poderíamos citar a simbólica da pureza inalterável do ouro que os alquimistas se empenharam em criar na célebre busca da "pedra filosofal". Assim, o silêncio exprimiria a sabedoria em toda a sua pureza, enquanto reflexão interior elevada ao mais alto nível, em face da palavra transbordante e imoderada, lugar de todas as paixões, de todas as ambigüidades e de todas as armadilhas.

Ficando na simbólica da sabedoria apresentada pela "pedra filosofal", assinalaríamos que o sábio é, sim, em primeiro lugar aquele que pensa, mas que, quando fala, suas palavras se conformam aos seus pensamentos, e seus atos se conformam às suas palavras. A palavra ganha corpo no silêncio do espírito e do ato. Portanto, ela é mesmo de prata quando o silêncio é de ouro. Sendo assim, **é sobre um fundo de silêncio que a palavra advém**. Fundo que constitui então "o espaço" de liberdade de que ela necessita para existir.

Ora, a idéia mesma de liberdade, nas relações humanas, ganha forma concreta quando, por delicadeza e **respeito** à autonomia de cada um, nosso silêncio garante a liberdade de expressão de outrem (em vez de falar ao mesmo tempo que ele, de "cortar-lhe a palavra", de terminar as frases em seu lugar...). Deixá-lo exprimir-se é bom, escutá-lo é melhor ainda. O silêncio da escuta é então **prova de comunicação** entre os homens e expressão de sua liberdade mútua.

• *Num segundo momento*, cabe perguntar porém se o silêncio possui realmente todas as virtudes que o provérbio leva a supor. Será que ele possui, por exemplo, aquela pureza sem mistura do ouro ao qual é comparado, em face de uma palavra que se presta a conturbações? É verdade que, como significante, ele é uniformemente uno e idêntico a si mesmo; mas os significados a que ele pode remeter são inúmeros e às vezes totalmente contraditórios: aprovação ou reprovação, expressão de decisão irrevogável ou sinal de indecisão, "silêncio de morte" ou silêncio prenhe de calorosas presenças, sem contar todas as **ambigüidades que podem proliferar mercê dessa máxima imprecisão do signo**. O silêncio pode sempre desmentir tudo o que lhe é imputado: ele "não disse nada!" Ao mesmo tempo, é ele que conduz o jogo mediante hábeis sugestões. Ele pode dar a entender praticamente tudo o que quiser e evitar a menor explicação, deixando o outro diante do fato consumado. No que se refere à pureza, o silêncio é portanto o lugar de manipulações e subterfúgios da pior espécie!

• *Mas,* dirão alguns, calar é "de ouro" na vida social, para evitar discussões e dificuldades constrangedoras. Sim, mas não haverá nisso os acordos ilusórios, pazes obtidas com vantagens graças ao silêncio que leva a crer na inexistência dos problemas?

De fato, a aparência do silêncio é o "nada", enquanto a da palavra é uma realidade precisa, escrita ou falada, pronunciada, ouvida, lida por muitos, talvez, que podem atestá-la. Sonora ou visual, a palavra deixa vestígios precisos onde o silêncio é apenas vazio e lacuna que qualquer "pleno" pode preencher. Tocamos aqui na **exteriorização** da palavra citada acima, exteriorização que desse modo confere existência ostensiva àquilo de que se fala. Sendo assim, calar certas realidades é como subtraí-las à existência. Com efeito, como chegar ao conhecimento mínimo de qualquer coisa, se nada de manifesto, nem mesmo um sinal, permite simplesmente tomar consciência dela?

Do mesmo modo, enquanto o silêncio "sufoca" o conhecimento de certos fatos, é a palavra que "faz irromper a verdade". Percebe-se aqui o prolongamento psicanalítico que poderíamos dar a essa reflexão: a palavra **revela e liberta**, enquanto o silêncio do inconsciente **sufoca e recalca**. A palavra desdobra o sentido, oferecendo-o à atividade exploradora do espírito que o exibe e o examina no debate, enquanto o silêncio, ao contrário, o mantém na existência informe do inefável, permitindo que a plenitude compacta de uma vivência secreta e obscura exerça todo o seu domínio alienante.

Assim, embora tenha sido possível entender em que sentido calar é "de ouro" e falar é "de prata", uma reflexão crítica permitiu matizar um pouco a afirmação. Será conveniente notar, porém, que o provérbio, contendo forte carga simbólica – o ouro – a expressar o que seria a arte perfeita de significar, presta-se a muitas outras análises possíveis.

3. *"Está ultrapassado!"*
▸ **Apreender o enunciado.**
• O sentido imediato parece indicar apenas uma constatação: isso não existe mais ou não se faz mais. Entretanto, percebe-se claramente uma outra dimensão: a do juízo, e mesmo um juízo de valor. E esse juízo situa aquele ao qual se dirige como **"atrasado em relação a seu tempo"**, **"alguém que ficou para trás"**, que está muito pouco a par das **"novidades"**. O sentido corrente que aparece com mais freqüência seria certamente **"estar fora de moda"**, ou pior: **muito "pouco evoluído"**.

• Mas o que está ultrapassado? Embora essa expressão lembre, em termos de moda, certa maneira de vestir, poderemos ir bem mais além. Costumes e, portanto, comportamentos em geral podem ser qualificados de "ultrapassados", mas isso também pode ser dito de modos de organização, técnicas, instituições, leis, modos de pensar...

Esse juízo parece assim ser aplicável ao conjunto da vida e do conhecimento humanos, apresentando um caráter um tanto pejorativo. Na verdade, qual é seu conteúdo exato e o que ele revela?

▸ **Exame dos pressupostos.**
• Se reunirmos o termo "ultrapassado" à expressão anotada mais acima – "ficar para trás" –, poderemos identificar em que termos o pensamento aqui se exprime. Que representações concretas acorrem à nossa reflexão que não sejam as de estrada, caminho etc.? Em outras

palavras, estamos, indiscutivelmente, na dimensão **espacial**.

Especifiquemos ainda mais: "à frente" e "atrás", em vez de levar a pensar em termos de distribuição espacial, orientam para a idéia de **linha**, linha não circular no sentido de que, saindo de um ponto de partida, ela segue uma direção sem jamais voltar a esse mesmo ponto: ao contrário, **afasta-se** dele. Em suma, trata-se da **reta**. Notemos os termos empregados: "Partida", "afastar-se". Não haverá aí uma nova idéia? De fato, embora a reta seja uma realidade fixa, o que temos aqui é movimento. E, visto termos falado em estrada e caminho, convém completar o conjunto do "quadro mental" que essa primeira abordagem da expressão nos oferece, especificando que se trata de **percorrer um itinerário**.

▶ Contudo, dirão alguns, por que essas considerações se sabemos muito bem que essa expressão indica uma **relação com o tempo**? Exato, mas a expressão fala de ultrapassar, isto é, ela **espacializa o tempo**. Temos portanto o dever intelectual de notar isso, de não desprezar nada, sobretudo porque poderá ser mais tarde importante aquilo que por ora ignoramos!

Assim, trata-se efetivamente da **linha do tempo, em que o passado está "atrás" e o futuro "à frente"**. O passado está ultrapassado, e para sempre. Estamos sendo saudosistas? Sonhando em "voltar atrás"? Claro que não! "Está ultrapassado" subentende que esse passado, em comparação com o presente, era bem mais grosseiro, primário, menos interessante, mais limitado etc. Hoje, "evoluímos"! Em outras palavras, não nos contentamos em mudar: **a mudança é produtora de melhorias**. Se aplicarmos isso ao conjunto do tempo (em vez de nos referirmos apenas a esta ou àquela mudança), a expressão revelará então implicitamente a concepção segundo a qual **o presente é sempre melhor que o passado e menos bom que o futuro**.

• Toda uma concepção muito precisa do Tempo e da História está, na verdade, embutida no cerne dessa frasezinha banal.

De fato, nem pensar em dar crédito à idéia de História como "imensa roda do tempo" ou "eterno retorno", concepção repetitiva do tempo que lhe nega valor.

Por outro lado, abordar o tempo não mais como degradação, mas como **aquilo graças a que é possível o progresso**, modifica consideravelmente as perspectivas. Em vez de recusar qualquer mudança que pareça levar à nossa destruição no nada do efêmero, nós nos apoiaremos no tempo para transformar, construir e criar. O tempo é oportunidade, e não mais destruição. Mas por que esse termo oportunidade? É toda uma concepção do ser humano que está em jogo: ele é **perfectível e se faz na e através da sua história**. Em outras palavras, a idéia de progresso supõe **o advento de novidades no curso do tempo graças às mudanças possibilitadas pela ação dos indivíduos e dos povos**. Sendo assim, compreendemos a idéia de "moda" subjacente à expressão, isto é, a idéia segundo a qual a corrente dominante na cultura do momento não é de modo algum negligenciável. Estar fora de moda é estar ultrapassado no sentido de ter permanecido em formas **inferiores** de cultura, mentalidade e comportamento, em vez de entranhar-se na **novidade, criadora do que de melhor se está fazendo**. Quem está imobilizado em arcaísmos não participa do progresso, **irresistível avanço rumo a uma perfeição sempre maior**. A História é então essa longa marcha (úteis considerações sobre a espacialização do tempo!) da humanidade que, no tempo e através do tempo, vai elaborando seu destino ao realizar seu ser e, com isso – dirá mesmo Hegel –, o Ser total e absoluto. A humanidade, como uma criança (cf. Pascal, Condorcet...), é originalmente uma promessa de si mesma que só poderá ser cumprida através de seu parto na história. Essa concepção foi desenvolvida de formas variadas especialmente no século XIX. É encontrada em Augusto Compte, Hegel e Marx, por exemplo.

"Está ultrapassado!": expressão comum presente em concepções do Tempo e da História que se apresentam como evidentes, quando, na realidade, trata-se de uma mentalidade nossa que foi forjada no fogo das reflexões filosóficas que habitam nossa cultura há séculos, sim, mas não desde sempre!

4. "Ponha-se no meu lugar!"
▸ **Apreender o enunciado.**
Quem não ouviu ou pronunciou essa frase? Ela soa como evidência: cada um pode pôr-se no lugar do outro, mentalmente ao menos. E por acaso pede-se mais que isso? Esse pedido, de fato, não se situa no nível prático. É mais do âmbito do juízo: pedido que busca aprovação de quem pareça opor reservas, quando não condenação.

Em outras palavras, com essa expressão pareço formular a exigência de que a situação seja examinada **do meu ponto de vista** antes que me condenem, numa espécie de variante mais personalizada da fórmula: "Conhecer antes de julgar."

▸ **Examinar o paradoxo.**
Após ter identificado o que constitui a significação corrente, convém agora refletir sobre ela para saber se seus subentendidos têm fundamento; se tiverem, por que e qual é (ou quais são) o(s) fundamento(s)? Se não tiverem, por quê? Mas nesse caso seria preciso tentar explicar o que, apesar disso, permite que a expressão tenha sentido.

- A primeira abordagem da evidência permitiu trazer à tona suas duas dimensões: psicológica e moral. A evidência ou, ao menos, o acordo tácito de todos sobre a necessidade de "conhecer antes de julgar", parece ocultar que "conhecer", nessa circunstância, não é nada fácil. Isto porque, se mudar de lugar no espaço não apresenta problema, aqui, ao contrário, o "lugar" é uma realidade bem mais complexa do que um ponto no espaço: trata-se de uma "pessoa", com tudo o que isso comporta de passado próprio, de traços de personalidade totalmente diferentes dos meus, de maneira de considerar o futuro e de existência familiar e profissional específica. Ou seja, ainda que se imagine em minha situação, o outro só poderá abordar essa situação à sua maneira, segundo **o que ele é**, e não à minha maneira, segundo o que eu sou. Assim, a ingenuidade ou o erro consiste em pensar que basta "mudar de lugar" para... "mudar de pele"! A consistência de cada um só seria devida à sua situação, reduzindo-se a ela.
- Desse grande equívoco acerca do que é simplesmente um ser humano, segue-se que a expressão abarca uma significação totalmente inoperante. Não haverá então outra coisa? E mesmo claramente oposta? Justamente **porque o outro é diferente**, quero ter, digamos, **o** "ponto de vista" **dele**, isto é, saber o que ele faria ou pensaria, em meu lugar mas mantendo o ponto de vista dele. Assim, a diferença pode evitar que eu me feche em minha situação, seguindo apenas meus pensamentos. Todavia, a dimensão moral da expressão nos impede de ir longe demais nesse sentido: não nos esqueçamos de que eu rechaço uma eventual condenação. Sendo assim, qual pode ser o sentido desse pedido? Provavelmente o de que... a situação deixe o outro tão confuso quanto eu estou, para que, precisamente, ele não me condene! Pa-

rece, portanto, que o subentendido moral prevalece, escamoteando assim as dificuldades ou mesmo as impossibilidades psicológicas de tal operação.

▸ **Pistas de reflexão.**
• Embora algumas dificuldades citadas pareçam insuperáveis, não seria possível lançar luzes sobre o que dá origem não só a tal idéia, mas também a essa espécie de evidência que parece determinar a exclamação?

Em primeiro lugar, quaisquer que sejam nossas diferenças, somos unidos por uma espécie de semelhança afetiva. Alguns sentimentos estão presentes em qualquer homem: desorientação, medo, alegria, aflição, cólera etc. É essa a tese de Max Scheler*, para quem é possível haver comunicação e "compreensão" entre os homens a partir dessa capacidade de "sentir com".

• Poder-se-ia articular uma objeção em torno da hipótese de que, em matéria de comunicação, talvez estejamos simplesmente **uns ao lado dos outros** "sentindo e sofrendo" **juntos**, ao mesmo tempo, mas... cada um por si! O que leva a perguntar o que seria um **autêntico encontro mútuo**: ocasião para rever as diferentes interpretações da relação com outrem, em particular as análises da intersubjetividade.

▸ Notaríamos então a característica que tem a consciência em descentrar-se pelo distanciamento que ela realiza em relação a tudo aquilo de que ela tem consciência (intencionalidade, reflexividade...), levando a pensar que, com isso, é possível "pôr-se no lugar" de outrem. A isso se somaria o fato de que somente uma consciência é capaz de **interpretar** uma situação, não apenas para si mas também para outrem, no sentido de que o outro é desde logo percebido a dar sentido ao universo que abarca; ora, eu faço parte desse universo. Assim, minha situação e a maneira como a abordo são avaliadas por um outro olhar e... tenho consciência disso.

Concluiríamos, portanto, com o **papel e o valor** fundamentalmente **relacionais** dessa expressão familiar que é: "Ponha-se em meu lugar!"

Recapitulando

- Isolar as palavras e as expressões para que possamos nos fixar nelas e somente nelas.
- Refletir nos dois sentidos de que é preciso partir, sobretudo se eles forem bem distintos:
  – o(s) sentido(s) do dicionário;
  – o sentido corrente, ou mesmo popular.

Confrontar essas significações.
- Obrigar-se a **formular** em frases claras **tudo** o que **não está dito**.
- Esquadrinhar palavras e expressões para extrair delas o máximo de sentido, não significações imaginárias, mas aquelas que o uso da língua propõe, geralmente numerosas e ricas.
- Não hesitar em usar e abusar da técnica do "em outras palavras", isto é, **reformular** em outros termos, segundo uma maneira de exprimir-se que seja mais "eloqüente". A troca de palavras é feita **com a condição de que não haja mudança no sentido**; assim, sem chegar a esse ponto, é possível fazer simples inversões ("o que é" significa perguntar qual é o ser de), ou efetuar equivalências através de antônimos (partir é não ficar), utilizar os matizes qualitativos das palavras (ficar, permanecer, ser, parecer... são verbos de *estado*; partir, cair... são verbos de *ação*), ou ainda entregar-se

a verdadeiras tautologias (dizer "meu" é usar o pronome possessivo, é falar de algo que "me pertence"), ou mesmo dissecar a composição da palavra quando isso é possível (perdoar, doar, isto é, dôo – minha confiança – apesar do erro). Essas pequenas técnicas têm a vantagem de assentar no patrimônio lingüístico comum a todos, em vez de recorrer à "inspiração", mais pessoal, ocasional e arriscada.
- Pensar as significações e afirmações obtidas para delas depreender algumas grandes linhas e mesmo teses.
- Caso se chegue a uma tese, identificar o que poderia se opor a ela ou matizá-la.

Capítulo 2

DO ORÁCULO AO ENIGMA?
PERGUNTAS

I. Pode-se comprar tudo?

1. Tipo de indagação
A formulação é breve e eficaz, o que freqüentemente tem por efeito escamotear o questionamento e os termos da questão, principalmente quando, como aqui, "tudo" e "comprar" são decifráveis sem a menor hesitação. O risco, portanto, é de nos precipitar sobre o termo "comprar", e dividir "tudo" em duas categorias: o que é material e o que não é. No entanto, o enunciado se articula em torno do verbo "pode", que é deixado de lado, embora seja importante esclarecê-lo.

Na verdade, é a ausência de alguma partícula interrogativa específica que leva os termos da pergunta a se concentrar no verbo "poder". Ora, ao contrário das línguas inglesa e alemã, o português (como as línguas latinas em geral) concentra nessa palavra vários sentidos bastante diferentes que convém identificar, para sabermos se a pergunta funciona em todos os sentidos, se em apenas um deles, ou se em dois.

Assim, "pode-se" tem o sentido de ser **capaz**, estar **apto a**, ter condições de produzir um efeito, uma ação. Combinando-se geralmente com esse primeiro sentido, encontramos uma segunda idéia: a de **probabilidade**, significando que é verossímil a ocorrência da ação ou do efeito "x", uma vez que – primeiro sentido – sua capacidade operacional está assente. Por fim, o terceiro sentido é da ordem da **autorização**: "Posso sair?" Examinado mais de perto, esse simples exemplo mostra... que ele não é tão simples quanto a seu conteúdo conceitual. De fato, quem me dará autorização para sair? Todos os casos concretos que enumerarmos nos conduzirão à palavra mesma que logo poderia ter dado a informação: **autoridade é o que autoriza**. Ora, as autoridades são de naturezas diferentes. *Para não nos perdermos numa enumeração desordenada, convém proceder por categorias, indo por exemplo "de baixo para cima", do grau mais relativo e modesto ao mais elevado e absoluto.*

Assim, a primeira autoridade é certamente aquela conhecida pela criança: o adulto, seja ele qual for. A seguir abordamos as autoridades profissionais e sua ligação mais ou menos estreita com o *status* **social** que lhes é conferido. Acima delas, encontramos a autoridade **jurídica**, mais ou menos independente da autoridade **política** (tudo depende da concepção de política com a qual lidamos). Numa outra ordem, lembraremos a autoridade **moral** que, se não reduzida aos particularismos culturais, seria superior aos Estados e sociedades, tanto em termos de leis quanto de costumes, graças a um universalismo de valores a que estes deveriam conformar-se. Na mesma ordem de idéias, a autoridade **divina** só seria superior à medida que estivesse acima desta ou daquela figura religiosa própria de dada cultura: se não for de cunho religioso, essa autoridade será então filosoficamente **metafísica**, representando um **absoluto**. A partir daí, ou esse absoluto determina certa moral, ou então, numa recusa da metafísica de tipo kantiano (Kant, texto nº 12, *Premières Leçons de Philosophie**), acabamos por detectá-lo no cerne de uma moral cujos imperativos – categóricos no sentido pleno da palavra – são aqueles que todo ser dotado de razão deve tornar exigíveis para que possa existir em conformidade com sua natureza própria. *Recapitulemos, portanto:* esse terceiro sentido seria facilmente perceptível com a substituição de "pode-se?" por "tem-se o direito de?", levando em conta que, embora pensemos espontaneamente no ponto de vista moral, os outros tipos de autoridade talvez não devam ser negligenciados, pelo menos não *a priori*, com certeza.

2. Análise dos termos

A palavra "tudo" apresenta o grande inconveniente da total indeterminação. Também aqui, nem pensar em perder-se em enumerações particularistas: convém proceder por tipos de realidade, e a seguir verificar se esta ou aquela, fictícia ou comum, tem lugar num ou noutro dos conjuntos identificados, para saber se nossa tipologia "cobre" a totalidade das realidades possíveis.

Podemos também aproveitar a experiência dos outros que, antes de nós, se defrontaram com o mesmo problema. Pensaríamos aqui em Aristóteles, que faz esta primeira distinção: realidades naturais, de um lado, e realidades artificiais, fabricadas, de outro. As primeiras têm princípio de movimento e de existência em si mesmas; as outras têm esse princípio numa outra realidade, exterior ao ser delas. Esses esclarecimentos poderão ser preciosos quando refletirmos sobre sua **aptidão** a ser compradas, mas também sobre o **direito de** comprá-las: encontramos aí a questão da **autonomia** – importante do ponto de vista moral – e a questão daquilo que é **dado**. A partir de quê se determinará o direito de vender ou de comprar, particularmente do ponto de vista moral, o que é dado e autônomo? Ilustremos a questão: com que direito comprar o ar que respiramos ou um animal que, por ser autônomo, pode viver por si mesmo em seu ambien-

te de origem? Com muito mais razão, com que direito comprar um homem, uma mulher, uma criança?
• Vamos mais longe. Naturais ou fabricadas, Aristóteles fala de realidades fisicamente concretas e presentes. Ora, só existem essas realidades? Tanto o ser natural quanto o artificial comportam um **devir**, o que os filósofos da Antiguidade caracterizavam como não-ser, não sendo ainda ser e, quem sabe – problema do futuro –, não vindo talvez jamais a ser. Pode-se comprar devir, futuro? O romance ou o filme que vou fazer mas... que ainda não está feito, que está de todo ausente, que é inexistente? A casa "na planta", da qual tenho apenas um projeto no papel, ou... um capital que estará valendo tanto após uma operação? etc. Tudo isso se baseia em nossa capacidade de prever.
• Vamos ainda mais longe. Aquilo que pode ter uma realidade *temporal*, passada, presente ou por vir, pode não ter nenhuma realidade *espacial*: qualidades, sentimentos, saberes e competências, idéias, atividades, estados psíquicos... São compráveis? Podemos *de fato* comprá-los? Devemos comprá-los?

O que é comprar? Se alguém compra é porque alguém vende. Em outras palavras, o verbo designa uma operação de troca. Representa todos os tipos de troca? Evidentemente não, já que há doações mútuas, transmissões, partilhas... Convém portanto ressaltar que aqui se fala de **troca mercantil**, que procuraremos caracterizar: moeda, aspecto quantificado do valor da realidade trocada, sua uniformização para torná-la intercambiável e todo o problema da determinação de seu preço: relativo à sua natureza? Ao desejo dos permutadores? Ao mercado? etc.

Na verdade, parece que tudo pode ser comprado: jogador de futebol, trabalho humano, atmosfera, educação, mas também amor, angústia (se não vejamos: com base em quê negociam os chantagistas e os seqüestradores?), esperanças, sonhos...

3. Pistas de reflexão

• Assim percebemos que a clivagem real não deverá ser feita entre realidades físicas, de um lado, e realidades mais mentais e imateriais, de outro. Mesmo as famosas "leis do mercado" e a fixação de preços geralmente têm mais que ver com sentimentos (medos, supostas satisfações, desafios...) do que se quer admitir... Por esse motivo, a troca mercantil pode nunca estar ligada ao real físico, ao chamado "bem concreto". A distinção está em outra parte. Ela se situaria no próprio termo central que articula toda a pergunta: poder.

• Reagrupando em primeiro lugar o que está associado à aptidão a tudo comprar, examinaríamos as condições de possibilidade de tal capacidade, procurando ver não só em que elas consistem de fato, mas considerando também o valor delas (são válidas?), para em seguida nos interrogarmos sobre seu fundamento, sua justificação. Daí abordaríamos o problema da legitimidade dessa justificação em si, isto é, o ponto de vista filosófico e moral. Quanto a isso, caberia tomar duas direções de pesquisa. Primeiro, a dos chamados filósofos "liberais", que desde o século XVIII consideram que o interesse pessoal e egoísta de cada um constitui a lógica fundamental a reger a vida dos homens, pulsão que, em vez de ser condenada, é reconhecida como reguladora das inter-relações dos homens: com isso, a troca que transforma tudo em mercadoria torna-se o próprio modelo da troca. A seguir, a visão segundo a qual o que é humano, na pluralidade de suas dimensões e em tudo que a ele se relaciona, do ponto de vista moral jamais poderia ser reduzido a mercadoria, a realidade quantificável, a meio. Pensaríamos aqui nas inevitáveis contribuições de Rousseau*, Kant* e Marx*.

▸ Para terminar, refletiríamos sobre este paradoxo um tanto surpreendente: nossas duas correntes, embora opostas, recorrem ao mesmo fundamento: a liberdade humana. Enquanto para uns o que importa é a liberdade individual que, sendo essencialmente regida pelo interesse, revela-se produtora de auto-regulação natural entre os homens, para os outros importa a liberdade que propicie ao homem a verdadeira dimensão de sua humanidade; ora, somente o direito, as exigências absolutas da moral (sentido kantiano) e as lutas humanas ao longo da História são capazes de promovê-la, de revelá-la e de fazê-la advir: a liberdade é uma conquista e um dever da humanidade.

II. Será justo afirmar que a arte nos desvia da realidade?

1. Tipo de indagação

Está claro que com essa frase é proposta uma tese, com um pedido de avaliação, de juízo a respeito de sua justeza, isto é, de sua fundamentação. Em outros termos, haverá razão em dizer que a arte nos desvia da realidade? Isso se justifica? Essa indagação é, portanto, do tipo que solicita o exame da tese e o estudo de suas possibilidades de discussão.

2. Análise dos termos

▸ A arte nos desvia da realidade: não convém negligenciar os termos, que sempre possibilitam melhor percepção do sentido do enunciado em toda a sua consistência. Aqui, por exemplo, *desvia* é mais forte do que *afas-*

ta. A nuança parece estar no caráter de denúncia, quando não acusação: a arte é censurada por nos impedir de viver na realidade. O valor positivo é a realidade, logo é positivo conformar-se a ela e existir segundo seus critérios. Vejamos se é possível elucidar ainda mais o que está subentendido na palavra: **ao nos desviar da realidade, a arte consistiria numa fuga à realidade**. É certamente a partir daí que caberia compreender as críticas implícitas geralmente feitas ao artista: fraqueza, covardia por se refugiar no imaginário em vez de enfrentar a realidade, "sensibilidade feminina" não reprimida... O retrato não corresponde ao esquema simplista de virilidade agressiva, sem matizes nem sentimentos, feita inteiramente de ação e de exteriorização, que supostamente definiria "o que é um homem", no masculino, é claro. O artista é maldito, se não por outras razões, pelo menos porque não se conforma aos modelos sociais vigentes de homem e de mulher.

• Será que a palavra pode "falar mais ainda"? Vejamos o substantivo: desvio. Ele é bastante instrutivo, pois induz uma idéia suplementar, menos evidente talvez no verbo. Ou seja: quando falamos em "desvio de dinheiro" ou em "desvio da rota de um avião por terroristas", estamos querendo dizer que a destinação normalmente prevista, do dinheiro, do avião etc., foi modificada para fins duvidosos. Boa é a destinação inicial, mas o que se tem é a outra, a ruim que a substitui. Assim, a arte desviaria nosso ser de sua destinação fundamental para desencaminhá-lo, conduzi-lo por outros caminhos, anormais.

• Por que esses termos negativos? Porque, se a destinação inicial de nosso ser é a que nos é dada por nossa natureza – sendo esta ao mesmo tempo natural e cultural –, a arte transgride o elã próprio de nossa essência e, em vez de se conformar às leis da natureza e da sociedade (a realidade), "dirige-nos para outros" fins e outros objetos.

Se o normal é o real, e **se o real é a natureza e a sociedade, despontam também nesse caso o caráter da arte como algo próximo da anomalia** e a idéia popular de que os artistas nem sempre são pessoas muito "normais".

Além dessas primeiras abordagens, o que mais o termo real pode designar? Os objetos em si mesmos? Sentimentos e idéias? Pressentimos então que há vários tipos de realidade, e também que, embora todos falem da mesma realidade, variam muito as apreciações a seu respeito.

3. Pistas de reflexão
▸ **Estudo da tese.**

• Se entendermos por realidade a realidade social, profissional ou mesmo simplesmente prática, é verdade que para nos movermos nela precisamos estar atentos a múltiplas exigências de vigilância permanente para aspectos extremamente variados e minudentes: aspectos físicos, psicológicos, morais; vestir-se, falar, comer... variando conforme as situações e os interlocutores. A arte então, quer se trate de música, literatura, cinema ou pintura, nos isentaria da obrigação premente – ainda que por alguns instantes apenas – de responder a todas essas exigências, de sofrer as pressões a que somos submetidos pelo fato de vivermos na realidade e segundo a realidade. Espécie de "parênteses", a arte é, nesse sentido, **fuga à realidade**.

• Se entendermos por realidade a natureza, os animais, os seres humanos, as casas e objetos de todos os tipos, em si mesmos, em sua realidade física, a arte será tão-somente a representação deles: teremos então ora atores e cenários, ora palavras impressas a descreverem situações e personagens fictícios, ora manchas de cores sobre tela ou pedaços de madeira esculpida... Haverá propriamente apenas **aparências e ação sobre aparências**. Às vezes até, com maior habilidade técnica, poderá ser obtida a ilusão de "verdadeira realidade": o efeito *trompe-l'oeil* (engana-vista) em pintura é bom exemplo disso. E quando o verdadeiro real, em vez de consistir nessas realidades sensíveis, perecíveis, finitas e relativas, for algo que deva ser buscado no absoluto constituído pelas idéias eternas de Bem, Belo e Verdadeiro, a arte será então, como para Platão*, não apenas dupla ilusão, mas precisamente um **desencaminhar**. Porque, ao buscar representar o dito real, a arte só estará representando o que não passa de débil aparência e pálido reflexo da verdadeira realidade. A arte será, portanto, aparência das aparências, afastando-nos duplamente da verdade e – o que é pior – desviando-nos dela sem nos convidar a dirigir o olhar, a atenção, o desejo para o lado bom. Na verdade, com isso nós estaremos simplesmente dando as costas para esse lado. É a filosofia, e não a arte, que pode conduzir à autêntica busca do Verdadeiro, do Belo e do Bem, únicos objetos genuínos do desejo que nos habita a alma.

• Se em Platão há essencialmente denúncia do domínio que o real sensível exerce sobre nós, em Rousseau o que há é incriminação do atrativo da representação em sua força simbólica, visto que os artifícios cada vez mais sofisticados que a sociedade desenvolva só podem levar o homem a perverter os mais belos traços de sua natureza. Ora, a arte é particularmente representativa dessa **perversão**. É preciso ler ou reler aqui a análise pertinente de Rousseau*: nossos mais belos sentimentos – compaixão, generosidade etc. – desatam seus impulsos mais profundos por pessoas... que não existem! Em compensação, quando verdadeiros infortúnios se abatem sobre pessoas reais, mais ou menos próximas de nós, não os percebemos ou eles pouco nos comovem, pois o artista não está mais ali para conferir-lhes o atrativo que nos seduz, e, mesmo que notássemos esses males, o elã e a força emocional não estariam mais presentes, porque exauridos pelo derramamento que sofreram durante a mera representação. Portanto, é para um desvio no sentido mais perverso da palavra que a arte contribui, gabando ainda o fato de ser mais confortável chorar bem instalado numa poltrona do que sair a levar amparo real para as desgraças alheias! A arte, por meio dos artifícios notáveis da representação, leva-nos a preferir a *idéia* de realidade à própria realidade, fazendo nossa existência resvalar para o vazio da fantasia, a inconsistência do reflexo e a dependência emocional que alguns manejam com virtuosismo.

Fuga, aparências, ilusão, embuste e desvio perverso: eis aí, segundo certa progressão da argumentação, o que pode justificar a idéia de que a arte nos desvia da realidade, e isso finalmente em virtude de várias teses e não de uma só.

▶ Estudo da antítese.

E se, na verdade, o uso de todos esses artifícios e de todos esses talentos só tivesse por verdadeiro objetivo possibilitar uma apreensão maior e melhor do real?

> Questão essa que permite articular o que acaba de ser dito com a seguinte idéia: a arte não nos desvia do real. Portanto, o que veio antes não é negado, e o que diremos a seguir não lhe será justaposto como se ignorássemos tudo o que acaba de ser dito.

• **Mas de que real estamos falando?** Desta cadeira, dirá Bergson*, ou dessa árvore, daquela mulher a despejar água ou daqueles homens jogando cartas. Em outras palavras, **sem o artista** não teríamos acesso a esse real. Porque nossa existência é dominada por uma consciência seletiva do mundo que nos cerca, retendo dos seres e das coisas apenas a função prática que lhes atribuímos, apenas a situação social e o sentido cultural que nossa sociedade lhes confere. Em outros termos, só os percebemos mutilados... quando percebemos! Como alguns desses seres e dessas coisas não ocupam lugar algum em nossos costumes, em nossas convenções nem em nossos simbolismos culturais, sem o olhar do artista eles não teriam existência; assim, o que nos revela um velho par de sapatos, uma mão, por exemplo, é a arte.

Completando essas análises com as de Hegel*, observando que a arte arranca o real anódino e o detalhe sem importância da existência evanescente, dando-lhes sentido e valor, mostraríamos então que, na verdade, **a arte propõe certo tipo de abordagem do real**.

Conviria então analisar bem aquilo de que a arte nos aproxima ao nos desviar da realidade que consideramos nas teses estudadas acima, a fim de chegarmos à idéia de que, ademais, **a arte propõe a abordagem de uma certa realidade**.

• Baseando-nos nas análises de Hegel ou de Heidegger*, mas também de pintores como Van Gogh* ou Cézanne*, ou de outros artistas, músicos, cineastas, atores, dançarinos..., explicaríamos que se trata de **desvendar uma realidade de sentidos**, de dar corpo, forma, som, cor ou volume a todas as significações, e que o real sensível, físico e, digamos, concreto constitui apenas um trampolim para a autêntica realidade do espírito que interpreta. **São exatamente nossas interpretações do real que**

lhe dão ou não consistência. Ora, sob esse aspecto, a arte alimenta e renova constantemente essa produção de significações, propondo-nos rupturas, deslizamentos, associações e aventuras que a vida prática, utilitária e convencional, organizada em categorias claras e distintas, não pode oferecer. Ver a beleza não representa nenhuma espécie de necessidade vital, social e nem mesmo intelectual no sentido estrito. Oscar Wilde* nota, porém, que é quando enxergamos a beleza de uma coisa que esta nasce para a existência. Assim, "hoje em dia, as pessoas enxergam o nevoeiro, mas não porque haja nevoeiro, e sim porque alguns pintores e poetas lhes ensinaram o encanto misterioso de tais fenômenos. Certamente existe nevoeiro em Londres há séculos... mas ninguém o notava, de modo que nada sabíamos a seu respeito. Ele só começou a ter existência quando a arte o inventou".

Como se vê, a antítese comporta igualmente várias teses. Todavia, para terminar, poderíamos dizer que a arte nos desvia de uma realidade parcial, mutilada, sem real consistência humana, banal e fundamentalmente alheia a nosso ser, e que, recolhendo todos esses cacos de realidade díspar, leva-nos em direção à genuína realidade **do sentido**.

Sob esse aspecto, a arte é antes de tudo **signo, interpretação e troca de interpretação, tentando captar essa fundamental realidade** que deixa o ser humano no mais profundo assombro: "SER NO MUNDO".

III. A OBEDIÊNCIA ÀS LEIS É LEGITIMAMENTE FUNDAMENTADA?

1.Tipo de indagação
Investiguemos o enunciado aparentemente simples. Alguns de seus termos, porém, parecem complexos, obscuros, como "legitimamente" e "ser fundamentada". *Que*

fazer? "Legitimamente" é o advérbio derivado do adjetivo "legítimo": ele qualifica portanto o verbo "fundamentar" na forma participial. Talvez possamos então pensar em atribuir essa qualificação – legítimo – diretamente ao próprio verbo – fundamentar. O que nos dá: É legítimo fundamentar...? Passando, pois, da forma passiva do verbo à sua forma ativa, o sujeito se torna objeto direto: fundamentar... o quê? Resp.: a obediência às leis. Mas então... qual é o sujeito dessa forma ativa de nosso enunciado? Perguntar se é legítimo fundamentar a obediência às leis não é perguntar qual ou quais instâncias, qual ou quais autoridades teriam essa legitimidade? Em outras palavras, a questão consistiria em pedir a determinação do sujeito do verbo fundamentar! O que tornaria legítimo obedecer às leis? Em nome de quê haveria legitimidade em obedecer às leis?

2. Análise dos termos

Tudo seria mais claro se os três termos da questão nos oferecessem uma real transparência... o que não é o caso!

Portanto, antes de nos lançarmos na análise do conjunto da questão, precisamos preparar o campo, mais ou menos como o cozinheiro que, antes de elaborar o prato, dispõe minuciosamente sobre a mesa os utensílios e os ingredientes que irá usar.

• A obediência às leis: com o termo obediência surge a idéia de autoridade, a dos pais, dos professores, dos juízes... Aqui, fala-se de leis. *Será exatamente a mesma coisa? Não. Por quê? A que se deve a distinção?* As leis representam uma autoridade impessoal, mais remota e abstrata que aquilo que o termo "obediência" a princípio sugeria.

• Quem diz obediência diz também... desobediência! Desobedecer a uma autoridade qualquer é subtrair-se a ela, não se submeter a ela; é preciso que isso seja possível, caso contrário a pergunta não tem mais razão de ser: o fato se impõe, inelutável, com toda a força de sua necessidade.

Retomemos então a palavra "leis": existirão leis em relação às quais não se apresenta o problema da obediência ou desobediência? Evidentemente, pensaremos nas leis naturais, na da gravidade, por exemplo, às quais estamos submetidos. Posso subtrair-me a elas? Em certo sentido, sim: certos meios técnicos possibilitam-me elevar-me no ar, planar etc. Portanto, obedecer nesse caso tem mais o sentido de submeter-*se*, ou seja, depende de nossa vontade. Entretanto – *procuremos ainda assim uma resposta negativa para não esquecermos nada* – algumas leis naturais continuam sendo inelutáveis: respirar, por exemplo. Nesse caso estou inexoravelmente submetido a elas e obrigado a obedecer-lhes.

Para levar a reflexão às últimas conseqüências, vejamos no que dá uma tentativa de contestação.

• Submetidos, obrigados, termos contrários à idéia de liberdade. Onde está ela efetivamente? Nos fatos, estou "acuado"... mas em idéia nada me impede de pensar coisa diferente dos fatos que se impõem! E... algo que eventualmente considero melhor. Em outras palavras, além da imaginação que me permite escapar em pensamento àquilo que existe, disponho do juízo de valor que estima o que deve ser ou o que deveria ser.

Abordemos agora nossos dois termos difíceis referentes à "obediência às leis": "legitimamente fundamentada". Vamos olhar os termos bem de perto.

• **Legitimamente**: quais as palavras que, contendo o mesmo radical, poderiam dizer mais coisas? Legislação, legislativo, legislar, legista, legítimo, legitimidade... tudo isso, ao que parece, remete às leis de um país, a uma constituição, àquilo que também é chamado de direito, portanto à idéia de conformidade às leis. *Substituindo a palavra da pergunta por esse sentido, vejamos o que resulta.* Poderíamos então reformular o enunciado deste modo:

A obediência às leis está em conformidade com as leis? *Um pouco repetitivo...* A lei é feita para que lhe obedeçam, somos tentados a dizer! Logo, obedecer-lhe está em conformidade com a lei! Talvez pudéssemos sair desse embaraço com as duas últimas palavras citadas acima: podemos falar de legítimo no sentido de "justificado". Assim, "nada legitima essa raiva" remete a "não há razões válidas", isto é, "boas razões", "razões justas": em outras palavras, válidas do ponto de vista mais moral que jurídico. Todavia, uma razão não seria "boa" só por ser moral.

• "Fundamentada": em primeiro lugar, pensemos na raiz etimológica "fundo". Quer se trate do fundo da caixa ou do fundo dos mares, percebemos a idéia de algo que é atingido por último e de algo sobre o qual o resto repousa, se apóia: se o fundo "racha", nada mais se "sustenta". *Transpondo já esse primeiro elemento para a pergunta, vejamos o que temos.* Haverá algum "fundo" que possibilite a "sustentação" da obediência às leis"? *Nada mal. Prossigamos a pesquisa, contabilizando esse ponto a favor.*

A raiz etimológica sugere ainda dois substantivos: fundação e fundamento. "Fundação" remete à idéia de fundar, criar, instituir. *Passemos à substituição imediata no enunciado.* A pergunta ficará então assim: Tem-se o direito (no lugar de "legitimamente") de instituir a obediência às leis? Será moralmente bom formular esse pedido, e mesmo essa exigência? Que "boas razões" haveria para "criar" a obediência às leis? *Isso faz sentido; prossigamos.* A palavra "fundação" também é empregada – no plural, na maioria das vezes – para designar os alicerces de uma casa – suas fundações. Na verdade, reencontraríamos aí o que foi abordado com "fundo": toda a construção repousa e se "sustenta" graças a boas fundações, seja do ponto de vista concreto (profundidade, terreno...), seja do mais abstrato: plantas bem "fundamentadas". Idéia que nos conduz finalmente ao outro substantivo: fundamento, que também nos remete a "justificação suficientemente válida" para que se "sustente" tudo o que dela dependerá. Embora seja possível afirmar algumas razões técnicas para justificar a instituição da obediência às leis, é fácil perceber que o valor da exigência em sua plena dimensão não foi alcançado. *Vamos portanto ao mais difícil.*

• Visto que a **consideração moral parece essencial**, excluiremos tudo aquilo que, por exemplo, seria de ordem puramente prática, as "razões operacionais". O famoso argumento "se todos fizessem a mesma coisa" parece ruir sob o golpe dessa exclusão, se entendermos com isso que é preciso haver regras e obediência a essas regras para que seja viável "vivermos juntos", já que não pode haver solidão radical para cada um de nós. Do mesmo modo, parece ser preciso excluir qualquer consideração de ordem psicológica que baseie a obediência às leis na necessidade de limites e de proibições em vista da angústia manifestada pelo psiquismo na falta de referenciais.

Isto porque, **em ambos os casos – de necessidade prática ou de necessidade de segurança – seríamos levados a justificar quaisquer leis, a partir do momento em que fossem satisfeitas essas exigências.**

Essa reflexão sobre as razões que devem ser excluídas finalmente nos permite progredir. Cumpre de fato reconhecer que, no início, sentindo-nos incapazes de encarar de frente o que significaria essa razão de ordem moral, preferimos começar pelo que ela não é, traçando seu perfil "em negativo". A pergunta fica então:

Qual ou quais seriam as condições suficientemente superiores, totalmente incontestáveis e altamente morais, que fundamentariam a obediência às leis? Deus? A Natureza? Sem dúvida, tanto um quanto a outra parecem acima de qualquer relatividade humana. Todavia, e em razão mesmo de sua superioridade que não admite contestação, cumpre reconhecer que ambos são na maioria das vezes insígnias de concepções muito humanas e passionais – o que certamente se poderia desenvolver aqui um pouco. Além disso, como a autoridade sempre apresenta alguma exterioridade em relação a si mesma, a **dualidade** parece constituir um interstício ideal para que nele se esgueire a possibilidade de contestação, **gretando,** portanto, aquilo que é buscado como **legitimidade absoluta**.

É então que cabe descobrir no próprio homem a exigência moral universal, homem que imporia a si mesmo a lei de respeito ao que há de humano nele e em outrem. **Autor da lei e submisso a ela, ele só se submete a si mesmo:** permanece, portanto, livre, e nisso estão sua força e sua dignidade. E embora pudéssemos pensar inicialmente na bela fórmula de Montaigne – "Cada homem traz em si a forma inteira da humana condição" –, é mais em Rousseau* e Kant* que encontraríamos dados para alimentar convenientemente essas posições.

• Assim, a única obediência às leis legitimamente fundamentada repousaria na vontade autônoma do ser humano, vontade que estaria apta desse modo a fixar seus próprios fins, vontade que, esclarecida pela razão, elabora as leis do respeito incondicional a toda pessoa humana. **Sendo seu próprio fim nas leis editadas por si mesma, obediência aqui é liberdade.** A liberdade parece portanto o único fundamento válido da obediência às leis.

IV. POR QUE O HOMEM OCUPA LUGAR ESPECIAL NA NATUREZA?

1. Tipo de indagação

A frase interrogativa é longa e comporta uma tese: o homem ocupa um lugar especial na natureza. Faz-se uma pergunta em torno dessa tese. Concluo que estejam pedindo "uma opinião", o que me deixa feliz, pois espontaneamente tenho vontade de dizer que o homem está na natureza como qualquer outro animal, e que ele se engana se acredita ser superior, quando não excepcional etc.

Formulemos então a pergunta à qual faço questão de responder dessa maneira; teríamos então: o homem ocupa...? Em outras palavras, considerei quantitativa e qualitativamente (!) desprezíveis as duas palavrinhas "por que". Serão elas tão pouco importantes? Para saber, é preciso descobrir o que significam. Que termos equivalentes formularíamos, por exemplo? Acostumados que estamos a encontrar essas duas palavras juntas, raramente nos ocorre desmembrá-las. No entanto, temos uma preposição, "por", que pode ser desdobrada, no caso, em "por meio de", ou "por via de", e um "que", neste caso interpretado como um pronome relativo a substituir alguma outra palavra: Motivo? Razão? Característica? Assim, teríamos que o homem ocupa um lugar especial na natureza por via de alguma coisa, graças a alguma coisa. Poderíamos então reformular a pergunta: "Graças a que (coisa) o homem ocupa um lugar especial na natureza? *Que coi-*

sa é essa que lhe permite ocupar um lugar especial na natureza? Em que medida se pode dizer que o homem...? *Em que sentido, em virtude de quais argumentos seria justo afirmar que* o homem...? *Como se explica que* o homem ocupe um lugar...?

Em outras palavras, **quando eu me preparava para discutir a tese do enunciado, pedem-me que a justifique**. Não se trata de questionar a idéia presente na interrogação, mas de mostrar no que ela é verdadeira.

Toda a reflexão se organizará portanto em torno de dois ou três argumentos essenciais que será conveniente articular para constituir um percurso "demonstrativo" interessante. Assim, embora essa não seja propriamente minha opinião, devo, com toda a honestidade intelectual e com toda a objetividade, indicar as razões nas quais se pode respaldar semelhante tese.

A análise, como se vê, não exprime uma opinião, mas realiza um trabalho de reflexão intelectual em que é preciso pensar um objeto qualquer, no caso um juízo. Pensar certo juízo não é necessariamente aderir a ele, no sentido em que pensá-lo é perceber pelo pensamento os elementos e as relações que o constituem.

2. Pistas de reflexão

Comparando o homem aos animais que lhe são próximos, a diferença a que daríamos importância decisiva seria certamente a *posição ereta, que libera a mão*. Duas conseqüências fundamentais parecem resultar disso.

• Em primeiro lugar, a boca perde a função de captura direta dos alimentos: o que é indispensável para sobreviver passará por um *intermediário*, a mão.

Ora, esse primeiro distanciamento em relação à exigência vital e natural de atendimento a uma necessidade parece possibilitar uma segunda conseqüência. Por estar ereto e não precisar mais dos braços para locomover-se, o ser humano *enxerga de cima para baixo,* e pode destinar a usos múltiplos os membros anteriores agora constantemente disponíveis.

Assim, **o homem ocupa um lugar especial na natureza porque, numa relação com ela, intermediada pela mão, ele age sobre ela**, trabalhando-a e transformando-a. Mas também, ao se distanciar dela, ele **cria um próprio ambiente para si**, em vez de viver na natureza *como ela é.* Portanto o que explicaria, primeiramente, o lugar especial que ele ocupa na natureza é toda a dimensão técnica em sentido lato, mas também toda a dimensão social e cultural da existência humana.

• A seguir, ressaltaríamos que, graças à linguagem e ao pensamento, o ser humano passará a ver na natureza algo mais que simples realidade de vida e de sobrevivência.

Constituindo para ele um objeto de pensamento, portanto também de conhecimento, ela é então investigada, recapturada através de experimentações destinadas a desvendar os segredos de seus processos mais íntimos: tanto os mais sutis quanto os mais pujantes, tanto os mais terríveis quanto os mais fascinantes.

Sob esse aspecto, só o ser humano aborda a natureza como objeto por conhecer, independentemente e muito além da exigência vital e instintiva de conservação: quantos perderam a vida nisso! É antes um confronto apaixonante, no qual o que parece estar em jogo é menos uma questão de vida que de ser.

Sendo assim, a natureza, para o homem, não é um simples e puro "meio de vida". Ela constitui uma realidade como que **diante** dele, um **ser** fora do qual ele se situa, ser que lhe caberia domesticar, quando não... dominar; ou pelo menos cercear, para **não permanecer na**

dependência original em que os outros seres continuam. Essa conquista de liberdade em face da natureza, possibilitada por uma **inteligência criadora que alia saber e poder**, leva o homem hoje a ter nas mãos o destino do planeta – destruição total possível, explosiva ou progressiva – e por isso mesmo seu próprio destino.

Sob esse aspecto, ele é de fato o único ser da natureza que é responsável tanto por si mesmo quanto pela natureza inteira.

- Tendo começado a análise pela posição ereta e pelo papel fundamental da liberação da mão, poderíamos terminá-la com uma reflexão sobre a **especificidade do olhar humano** que se caracteriza do início ao fim pelo **distanciamento próprio da consciência**. Não estaria aí o cadinho fundamental onde se alimentariam os três aspectos graças aos quais poderíamos compreender por que o homem ocupa um lugar especial na natureza?

Como ser de **relação**, o ser humano **pensa todo existente**, real e possível, e **pensa-se a si mesmo nessa relação com o mundo e com outrem**, instaurando desse modo outras relações, em especial da ordem do sentido e do valor.

É assim que a singularidade do lugar por ele ocupado na natureza está, ao que parece, no **distanciamento que o desloca do âmago do mundo para uma "exterioridade" ao mundo**, passando esse mundo a só ter existência **no**, **pelo** e **para o** homem.

V. Ser livre é "ter todos os direitos"?

1. Tipo de indagação

Independentemente do conteúdo, pode-se já notar que essa pergunta é feita segundo modelo "o que é", ou, mais precisamente: "isto é aquilo"? O que significa que o conjunto da pergunta determina uma investigação que incide sobre o que pode ser a "natureza de", sua **essência** (cf. texto nº 1, *Premières Leçons de Philosophie**).

Investigar a natureza de uma realidade qualquer é procurar caracterizá-la, encontrar as características que permitam defini-la, isto é, que a façam ser o que é e não uma outra, tornando-a desse modo inconfundível com outra.

Em razão desses esclarecimentos está portanto excluída a abordagem que levaria a começar pela definição do termo sujeito da oração, para, aparentemente, poder melhor responder: justamente, **responder à pergunta é empreender todo um trabalho de busca de definições**. Esta deverá, pois, ser progressiva, depreendendo passo a passo esta e aquela característica, em vez de "ser despachada" em poucas linhas logo no início.

Retomando a pergunta formulada, verificamos que não estamos sem indício algum. Em vez de nos perguntarem "o que é", sugerem-nos uma característica determinante possível: *isso é assim?*

Resta-nos então identificar agora o que, na pergunta, corresponde a "isso", e o que deve corresponder ao "assim"; ou seja, que característica permite definir o quê.

Desta vez, estamos em condições de *identificar claramente em que consiste a pergunta*, a saber: determinar se a liberdade se caracteriza pelo fato de "ter todos os direitos"; em outras palavras, indagar em que sentido essa característica permite descrever de maneira válida a liberdade, se ela é suficiente, mas também em que sentido essa característica poderia não ser apropriada.

2. *Análise dos termos*

Já que nos é proposta certa característica: "ter todos os direitos", com a hipótese de ser ela capaz de definir o fato de ser livre, percebe-se que **a investigação sobre a liberdade será guiada por essa característica, e será feita a partir dela.**

A dificuldade é certamente não perder de vista que o estudo dessa característica só é feito com o objetivo de melhor apreender a natureza da liberdade, portanto de conduzir sua análise sempre em relação à liberdade. Compreende-se então por que estudar separadamente a noção de liberdade seria um erro. Em compensação, já que a característica "ter todos os direitos" comanda o conjunto da abordagem, é em torno dela que convirá identificar dois ou três pontos essenciais, capazes de articular a investigação.

A expressão "ter todos os direitos" pode ser compreendida de dois modos.

Por um lado, no sentido espontaneamente aceito, "ter todos os direitos" é estar liberado das obrigações a que a vida social nos constrange: nada mais é proibido. Por outro lado, "ter todos os direitos" pode significar beneficiar-se *daquilo* que todas as leis permitem e mesmo do fato *de* a lei permitir.

A análise dos termos nos dá assim orientações precisas para a investigação.

3. Pistas de reflexão

► **Se explorarmos inicialmente a primeira direção**, teremos que cada pessoa, na realização de suas vontades e desejos, não mais depara com nenhuma proibição, nem "em sua cabeça", nem na sociedade: os únicos obstáculos em que sua liberdade pode esbarrar parecem da ordem de suas próprias forças. Assim, eles não serão considerados realmente limites no sentido de realidades externas a cercear a expressão livre de seu ser. Seguindo a própria natureza, cada um verá sua liberdade como sinônimo de ser plenamente o que se é. Todavia, como ninguém é único no mundo, o mesmo vale para outrem. Logo, minha liberdade natural vai esbarrar na liberdade dos outros. Como do confronto resultará um vencedor e um vencido, podemos considerar que o resultado será função das forças naturais respectivas, forças que, em nível social, estabelecem uma ordem em conformidade com a lei do mais forte. Assim, "ter todos os direitos", como reivindica Cálicles em *Górgias* de Platão, é acabar com as leis estabelecidas pela sociedade para que reine a única e verdadeira lei: a da natureza, que é precisamente desdenhada pela sociedade quando ela exige a proteção do fraco e a restrição do poder dos fortes.

Com isso, **a liberdade de que se fala aqui é a liberdade natural de cada pessoa**: o limite que alguém mais forte pode lhe impor não é uma coerção vinda de fora, pois o que não lhe permite sobrepujar o outro é *apenas seu próprio limite, o de seu ser.* É sua própria natureza que o faz ser "dominante" ou "dominado", mas, nesse sentido, ser dominado não é, a rigor, ser privado de liberdade: minha liberdade é aquela que minha natureza me permite ter, em face de outras naturezas diferentes.

"Ter todos os direitos", nesse sentido, leva a constatar que a própria noção de "direito" se anula na noção de "fato natural puro". E assim a própria questão de ter ou não direitos não mais se põe: as coisas são o que são, e pronto. Sob esse aspecto, percebe-se que a fórmula tem algo de absurdo, pois em sua lógica ela anula aquilo que exige: direitos.

A liberdade nesse caso consiste em cada um ser o que é, segundo as determinações de sua natureza, "dado natural" que define plenamente, e cuja característica essencial, seja qual for esse ser natural, **é a força**.

Podemos perguntar se é nesse sentido que aspiramos à liberdade.

Pode-se falar em realidade humana somente nesses termos? Ao *fato* o homem acrescenta o *direito*, isto é, o juízo que avalia o fato, portanto aquilo que, também, *deveria ser fato*. Assim, "ter todos os direitos" poderia ser compreendido numa perspectiva que, em vez de anular o direito, exprimisse uma liberdade que se realizaria em seu seio, e mesmo através dele.

▸ **Devemos passar ao segundo sentido da expressão.**

• A expressão, ao falar de "todos os direitos", e não do direito, sugere que há vários *direitos*. O que isso quer dizer? Há direitos, por exemplo, que eu teria e que outros não teriam, e... vice-versa? Em certo sentido, sim. **Há** certos direitos que estão vinculados a uma profissão ou a alguns cargos ou responsabilidades na sociedade: um policial tem o direito de fechar ruas; o juiz, de mandar prender; o ministro, de decidir uma isenção fiscal ou uma contribuição financeira suplementar; o químico, de manipular determinada substância proibida etc. Se não sou nada disso, não disponho de nenhum desses direitos, ou terei apenas um desses direitos se tiver uma dessas profissões; mas... não tenho todos esses direitos ao mesmo tempo! Logo, se tivesse todos os direitos, desfrutaria de uma liberdade sem limites... que só seria possível invadindo a liberdade dos outros: isso só é realizável pela força. Conclui-se que preciso ficar sozinho ou quase para me beneficiar de todos esses direitos!

Existirá **o direito a "todos os direitos"**? Se não existir, não estarei fora do direito ao assumi-lo? Concluiríamos essa abordagem observando que, a despeito dos interessantes matizes presentes, estamos nos aproximando sutilmente da lei do mais forte. Estaríamos de volta à hipótese aventada na primeira abordagem.

Assim, o segundo sentido da expressão remete ao primeiro: **não posso arrogar-me todos os direitos a não ser por um ato de força**.

▸ **Para sair desse impasse, seria preciso poder combinar minha liberdade com a dos outros, estabelecer a possibilidade de cada um ter todos os direitos.**

Isso supõe que os direitos não digam respeito essencialmente a categorias de indivíduos particulares, mas a todo cidadão como tal. Essa é a análise de Rousseau.

"Ter todos os direitos" é ser livre no sentido de que todos, renunciando à sua *liberdade natural individual*, redescobrem juntos uma *liberdade de outra ordem, estabelecida por contrato social*, garantindo a todos e a cada um o exercício das liberdades específicas de um ser humano, apropriadas à perfectibilidade de cada um, através do exercício da razão. O Estado não é mais uma instância do direito *exterior* aos cidadãos, mas os próprios cidadãos. Estes, instaurando pessoalmente as leis, só se submetem a si próprios, e essas leis devem ser concretamente evidenciadas para que a natureza humana em sua especificidade mais elevada possa se desenvolver plenamente: ora, somente a dimensão moral do direito permite isso.

"Ter todos os direitos" no sentido de dispor de todos os direitos humanos fundamentais para poder existir como verdadeiro ser humano é, de fato, ser livre no sentido de ser autônomo, responsável, capaz de pensar e de trabalhar em seu próprio destino. Autonomia, então, não equivalerá a natureza reduzida à força, portanto determinada para sempre, mas a natureza dotada de razão, capaz de pensar e de propor fins, portanto de se autodeterminar e de se modificar segundo critérios de valores.

Com isso, lei e liberdade se fundamentam mutuamente. Só a liberdade pode propor leis para si mesma, em vez de recebê-las de fora, e só a liberdade que seja fim para si mesma é capaz de estabelecer meios para realizar-se, meios que não a traiam. Em contrapartida, fica claro que "ter todos os direitos", segundo as abordagens acima, não passa de aparência de liberdade e muito menos conduz a ela, porque significa ter *todos os poderes de agir*, visando a objetivos que não consistem na liberdade.

Por isso, a liberdade de "fazer tudo o que se quer" mais destrói do que constrói a liberdade, naufragando em alguma coisa completamente diferente dela. Ao contrário, "ter todos os direitos", que sejam os Direitos do Homem e do Cidadão, tem claramente por fim a liberdade, e nessa condição a liberdade tem por fim a lei, única capaz de exprimir e de garantir as condições *efetivas* de liberdade.

VI. Será forçoso perder as ilusões?

1. Tipo de indagação

É o tipo de indagação que deve chamar nossa atenção em primeiro lugar. Porque perguntar se "é forçoso" significa abordar um problema, seja qual for, em termos de **exigência**, de **imperativo**.

Mas será que qualificar esse imperativo não seria mais "claro"? Poderíamos distinguir várias espécies de imperativos?

Para proceder à pesquisa, vamos partir de uma frase comum, tentando qualificar o imperativo em questão e procurando a seguir uma outra frase cujo imperativo não possa ser classificado na mesma categoria.

Assim, por exemplo, se eu disser: "É forçoso levar água para atravessar o deserto", à pergunta "por quê?" responderei: "Para não morrer de sede." Com isso, deixo claro que em função de certo tipo de situação – o deserto – e de um objetivo – atravessá-lo e continuar vivo! – o imperativo é de tipo **vital**.

Numa outra ordem de idéias, ao dizer: "É forçoso ter paciência e muita memória para esse trabalho", temos um imperativo em que se mostram considerações **psicológicas e intelectuais**. "Não se deve mentir" pertence à dimensão **moral**. Prosseguindo assim, identificaremos exigências de ordem jurídica, econômica, política, científica, estética, religiosa etc.

Com essa enumeração de categorias podemos perceber que todas elas se baseiam no mesmo esquema: **o tipo de necessidade depende do objetivo em vista, e o imperativo subordina-se a este**.

Assim, perguntar se é forçoso perder as ilusões é perguntar em relação a que se impõe essa necessidade, segundo que critérios, em função de que objetivos, para quais finalidades. Em suma, em nome do que seria preciso ou não perder as ilusões? O que invocamos para justificar o imperativo (positivo ou não, pouco importa)?

2. Análise dos termos

▶ A expressão "perder as ilusões" faz parte da linguagem corrente. Se a enunciarmos pensando em situações bastante variadas, teremos dois tipos de conotações bem contrastantes.

A primeira revela decepção: "Eu acreditava que" (conteúdo positivo), mas "na realidade" as coisas não são tão boas nem tão fáceis... é uma pena! **Deploramos a realidade enaltecendo as ilusões.**

A segunda, ao contrário, é enunciada em tom de censura, designando cegueira ou fraqueza culpáveis, para enaltecer, em contrapartida, o realismo finalmente maduro que alguém demonstra ou que já estaria em tempo de demonstrar: "Ele perdeu as ilusões e finalmente começou a trabalhar com seriedade", "Encare a realidade, tenha coragem de enfrentá-la em vez de se esconder atrás de ilusões!". Positivo é aceitar a realidade como é: **As ilusões são deploradas, e a realidade, enaltecida.**

Em ambos os casos – avaliação positiva ou negativa – verifica-se uma **discrepância** entre certa idéia da realidade e o que esta seria de fato. **A verdade** é diferente daquilo **que eu acreditava ser verdade**. Essa segunda formulação nos faz passar ao plano mais estritamente filosófico.

Isto porque, nesse caso, estamos abordando o problema do erro e da verdade, o da distinção entre objetividade e subjetividade e a questão do valor de ambas.

Enquanto a objetividade está ligada ao procedimento intelectual de conhecer um objeto independentemente da personalidade do sujeito cognoscente, a subjetividade remete muito mais ao próprio sujeito, cujos juízos comportam a dimensão íntima e pessoal de sentimentos e desejo.

▶ Em primeiro lugar, embora a pergunta tenha sido feita de modo genérico – perder *as* ilusões – subentende-se que as ilusões, sejam elas quais forem, foram expressas ou concebidas por um sujeito. Desse modo, mesmo não descartando inteiramente as ilusões de que qualquer um possa ser vítima, daremos maior ênfase ao ponto de vista do sujeito.

Assim, em razão do **caráter afetivo de alguns de meus juízos**, minha interpretação da realidade é incorreta, pois meu espírito é capaz de deformar a realidade, de amputar-lhe este ou aquele caráter, de até conceber uma realidade que não existe!

A seguir, sendo possível fazer uma distinção entre ilusão e erro – no sentido de que este pode ser corrigido, enquanto a primeira persiste a despeito de um saber que a invalide (já dizia Spinoza: por mais que eu saiba que o sol não tem o tamanho de uma laranja, persiste a ilusão de que assim é) –, vemos que o problema se situa mais no plano do **valor do juízo** do que no de sua mera validade intelectual.

Mesmo sob a influência do desejo – que, aliás, ainda precisa de qualificação –, haverá validade num juízo segundo nossas ilusões? De que ponto de vista? Que critérios essenciais acarretarão como necessária conseqüência o dever de perder ou não as ilusões?

Em outras palavras, nosso problema consiste em buscar o(s) valor(es) que justifique(m) a exigência, dupla e, neste caso, contraditória (perder as ilusões não é conservá-las!).

3. Pistas de reflexão
▸ **É forçoso perder as ilusões.**

• Começando por aí, podemos ter certeza de que não nos faltarão argumentos se recorrermos a vários filósofos, cuja maioria declarou guerra aberta às ilusões de todo tipo.

Assim, o incansável trabalho de Sócrates* não teria consistido na luta contra nossa ilusão de "saber"?

Se chego a descobrir que tudo o que sei é... que nada sei, então abre-se dentro de mim e diante de mim a verdadeira e apaixonante busca, a curiosidade que é fecundada pela própria consciência dos obstáculos que se opõem à sua sede.

Filosofar é antes de mais nada começar por abrir os olhos do espírito. De fato, ninguém procura o que acredita ter. E nesse caso, as ilusões são paralisantes e esterilizantes devido a duas ignorâncias: a própria ignorância e a ignorância da ignorância! Cujo efeito é muitas vezes encerrar-nos na obstinação, deixar-nos crispados em certezas "intocáveis" ou mesmo na arrogância de nossa pretensão de "saber".

• O discípulo admirador de Sócrates, que é Platão*, aprofundará essa perspectiva de reflexão. A alegoria da caverna permite-lhe mostrar que consideramos belo, verdadeiro e bom o que é aparência de verdade, que nos apegamos a essa aparência, em vez de percebê-la como simples sinal que, graças ao desejo, desperta em nós a idéia de uma realidade bem mais essencial e absoluta.

É de notar aí um aspecto muito interessante da reflexão platônica, qual seja: não é o desejo, por ser ruim, que produz nossas ilusões. Ruim é a orientação do desejo para realidades nas quais ele se transvia. Nossas ilusões nos levam a pensar que, nessas realidades sensíveis, aparentes e efêmeras, encontraremos o que nosso desejo busca. Ora, geralmente somos menos vítimas das ilusões do "mundo sensível" do que de **nossas próprias** ilusões, visto que cedemos com prazer à segurança dos hábitos e à certeza fácil de tudo o que é imediato e tangível. Desejo e intelecto não se excluem: a filosofia, ao descerrar as qualidades da alma, pretende mostrar-lhe como buscar o único objeto digno de busca, que tem a dimensão do desejo fundamental que nos habita.

Perder as ilusões é, portanto, uma **exigência de ordem ontológica**: trata-se de nosso ser mesmo, no que ele tem de mais essencial.

• Sob esse aspecto, dos clássicos aos contemporâneos o argumento é reiterado: em nome da honra de "seres pensantes", não nos devemos deixar enganar como crianças! Mas a natureza pensante do ser humano não é de modo algum um simples título honorífico, e são mostrados todos os seus efeitos: para Epicuro* e os estóicos*, nosso imaginário produz em grande quantidade ilusões sobre os deuses, a natureza ou os homens, ilusões que nos fazem viver dominados pelo medo, enquanto o verdadeiro conhecimento dessas realidades nos liberta desse jugo, dando-nos **segurança** e **autonomia** em relação a eles.

"Perder as ilusões" na perspectiva cartesiana e decididamente moderna é mesmo abrir-se deliberadamente para o mundo, apropriar-se dele com curiosidade ávida, em vez de retrair-se em mesquinha subjetividade! O conhecimento verdadeiro é então prova de ação e de influência eficazes sobre as realidades diversas de nossa existência.

Assim, ao perder as ilusões em proveito de um saber objetivo, o homem ganha poder ante a força impositiva da natureza ou da sociedade.

Esse poder, enquanto ação libertadora, típica do homem em sua natureza pensante, revela então o humano como liberdade.

Não poderia esse último ponto constituir o valor-chave no qual se enraizariam todos os argumentos levantados em defesa da idéia de que "é forçoso perder as ilusões"?

▸ **Não é forçoso perder as ilusões.**

É preciso fazer duas observações metodológicas:

Primeira: ainda que, para maior clareza imediata, tenhamos apresentado assim sem rodeios a nova tese por argumentar, é de notar que a reflexão, porém, deve explicar por que está assumindo nova direção de pesquisa.

Será preciso portanto achar a idéia de ligação.

Segunda: mesmo abordando agora uma posição oposta à anterior, se não quisermos incidir em contradição ou anular todo o trabalho de reflexão já feito, não deveremos renunciar às razões que estabelecem a exigência de perda das ilusões. Se isso for feito, significará que aquelas razões não eram válidas!

Portanto, buscaremos aqui saber **em que condições se pode exigir, ou ao menos recomendar, que "não se percam as ilusões", tentando preservar o que havia de interessante na posição precedente**.

Para encontrar o nexo, a idéia de ligação, cumpre partir de novo do que precede, meditar sobre sua idéia básica, para então dar um novo salto, enriquecendo-a talvez com novas elucidações ou "descompartimentando-a".

• Se nossas ilusões devem ser combatidas, como vimos, é porque se opõem ao conhecimento e, desse modo, só podem nos prejudicar sob todos os pontos de vista, conduzindo-nos a múltiplas servidões.

Mas, e se a *oposição entre ilusão e conhecimento* pudesse não ser *sistemática? E se nossas ilusões e nossa faculdade de produzi-las refletissem certa liberdade própria ao conhecimento?*

Assim, a **dimensão psicológica da exigência**, na qual se pensa em primeiro lugar, é da ordem do bem-estar, e não da verdade. Um é da alçada da vivência; a outra, do intelecto. Um é afetivo, e busca o caráter benéfico e até mesmo consolador das ilusões, a fim de evitar o desespero. A outra é reflexão distanciada. Mas para que a oposição tivesse valor real, não seria preciso que ocorresse no mesmo plano? Em outras palavras, ilusão não é erro. Sendo assim, talvez fosse possível discernir um outro tipo de **verdade** de que a ilusão não estivesse excluída.

Por exemplo, pensemos num caso em que estar compenetrado e plenamente consciente de certas realidades que, segundo nos dizem, "devem ser encaradas", significa não só a ausência de elevação, mas também a presença de degradação, de dependência ou mesmo a perda quase total da autonomia, o apequenamento ou a destruição do ser; nesse caso, o argumento acima é inválido. No mínimo, se o objetivo era adquirir mais força, domínio e poder com a perda das ilusões, talvez fosse mais fácil alcançar esse mesmo objetivo "conservando as ilusões"! Porque é isso o que acontece quando as ilusões permitem conservar ou adquirir alguma força para enfrentar dificuldades e mesmo vencê-las, graças talvez a alguma esperança que, racionalmente, seria inadmissível. Verdade, nesse caso, não será algo mais completo que o mero nível intelectual e conceitual? De que espécie de verdade dão testemunho nossas ilusões?

• Vamos mais longe: o que governa o conhecimento, mesmo o mais exato? Acima do juízo, que estabelece a verdade, o que há?

Em outras palavras, certas ilusões desempenhariam a **função de possibilidade** não apenas de **existir** – primeiro argumento – mas também de **conhecer**.

É mais particularmente nessa perspectiva que se situam as análises de Nietzsche*, em que o conhecimento **é mostrado como produtor das ilusões de que tem necessidade** para atuar. Ficções de realidades estáveis, unidades isoladas ou compostas, manipuláveis à vontade e consideradas confiáveis (idéias, números...), sistemas estruturados, ordem rigorosa e clara... (o que é muito agradável, mas será que a realidade é assim, bem demarcada?); tudo isso permite pensar e "construir nosso conhecimento", mas também viver segundo referenciais que nos transmitam confiança.

• Podemos até ver em algumas de nossas ilusões algo **mais que simples condição de vida e pensamento**. Ou seja, em virtude desta ou daquela ilusão, tropeçamos neste ou naquele aspecto da realidade que não se deixa moldar facilmente pelas representações fictícias que nos convêm. O real "resiste", como diz Bachelard*, e ao resistir nos surpreende, desafiando-nos a melhor apreendê-lo em sua estranheza intrínseca.

O abandono pela física da ilusão do "éter" (espécie de ar sutil) como suporte de propagação das ondas – ilusão que nos convinha para pensar a natureza da luz – será decisivo para a evolução do conhecimento científico. Haveria outros exemplos desse tipo, a mostrar que o mais construtivo não foi tanto "a perda das ilusões", mas sim o fato de elas terem existido, pois é esse tipo preciso de ilusão que, levando por certo caminho, nos **desafiará**, por ter limites, **a progredir**. É nesse sentido, e não no de Nietzsche, que Bachelard pôde dizer que o erro é indispensável ao conhecimento.

Também poderíamos mostrar que esse argumento não funciona somente no nível epistemológico (reflexão sobre o conhecimento), mas também no político, no moral, no psicológico etc.

Certas ilusões permitem revelar, quando não criar, novas realidades dentro ou fora de nós. Alguns projetos, por exemplo, que nascem no bojo e em função de certo número de ilusões, podem motivar ações que, contrariando todas as expectativas, acabam de fato por realizar belas transformações. Alguns poderiam objetar que as transformações também podem ser detestáveis! É verdade, mas se a ação da criatividade é algo que se dá no próprio âmago da liberdade, seria mesmo muito difícil que tudo fosse uniformemente positivo!

▸ Chegados a essa etapa da reflexão, podemos considerar confirmada a análise segundo a qual a questão estudada está menos na exigência (é forçoso/não é forçoso) do que em critérios de legitimação dessa exigência. Ora, o que constatamos?

• Quer a verdadeira realidade esteja do lado das idéias platônicas de transcendência do "mundo sensível" (cadinho de todas as ilusões que devem ser combatidas), quer esteja neste mundo e em suas realidades próprias (tão impensáveis e impossíveis de viver que é preciso produzir ilusões para existir e conhecer), do ponto de vista humano (cf. Parte **1**, análise **V**, 3, p. 43) não estaríamos diante de um mesmo proceder? Proceder tipicamente humano e pleno de dignidade? Em outras palavras, **quaisquer que sejam a apreciação, o juízo, a concepção que se faça do mundo e da existência, a atitude é sempre de desarraigamento para a libertação**, a criação e o estabelecimento de valores que tenham consonância com nossas exigências de ser humano. Quer apregoemos "a perda das ilusões" ou a sua "conservação", isso é feito sempre com vistas a ir além dos dados imediatos, nos quais talvez tenhamos raízes, mas aos quais não nos reduzimos.

• Assim, mesmo as famosas necessidades vitais e intelectuais que nos forçariam a ter ilusões não atingem o fim. Por quê? Porque uma ilusão identificada como ilusão não funciona mais como erro! A esse respeito, o trabalho filosófico crítico de Kant* ou de Nietzsche* acaba com grande parte da ingenuidade.

No campo científico atual, tem-se como certo que o conhecimento só se dá por meio de ficções operatórias e segundo esquemas próprios ao pensamento humano, tentando-se por isso não atribuir à realidade verdades que são apenas do âmbito do pensamento (cf. *Le réel voilé* [O real velado], B. d'Espagnat*).

Nos campos psicológico, moral ou político, quer as ilusões sirvam para consolar, desobrigar ou confortar quem julgue "nada mais poder fazer", ou então para enfrentar o real a fim de melhor dominá-lo, o que se vê é que, graças à faculdade de significar, **sempre (ao que parece) nos recusamos a submeter-nos**, apropriamo-nos "do mundo e de nós", de nós no mundo e do mundo em nós (como diria Merleau-Ponty*), investindo-o de sentido em seus menores escaninhos: ilusão ou não, ilusão aqui e não ali, ou vice-versa, de qualquer modo... é no **sentido** que se abeberam ilusão e verdade quando as exigimos.

É provavelmente aí que devemos buscar sua justificação, nessa realidade paradoxal do ser humano que constitui toda a sua dignidade e lhe confere sua plena dimensão.

Quer seja forçoso ou não "perder as ilusões", não se daria isso...

– *em nome da* capacidade de superação que o homem tem em relação a tudo, inclusive em relação a si mesmo, para ser senhor de seus fins?
– *em nome da* nostalgia de plenitude absoluta que o habita, quando ele só existe na e graças a essa abertura que libera, descerra e cria?
– *em nome da* capacidade de não se fechar na rejeição pura e simples da realidade nem na rejeição do Sentido, mas de realizar um incansável vaivém de um a outro?
– *em nome daquilo* que, ao que parece, é revelado por duas exigências contraditórias, transformadas em uni-

dade paradoxal, isto é, segundo a expressão comum, "ter os pés na terra e a cabeça no céu", ou, em outras palavras, ser **o homem ereto**?

4. Observações complementares

▶ Movimento global de reflexão:

A análise aqui proposta é apenas uma das análises possíveis, segundo um movimento que, neste caso, buscou construir uma unidade progressiva.

Em vez de propor um debate clássico baseado numa discussão na qual, à argumentação proposta, se sucedessem objeções aptas a permitir que a reflexão desse um salto à frente e desembocasse numa perspectiva mais satisfatória (movimento dialético), preferimos integrar o conflito, buscando desde o início o ponto por meio do qual a oposição fosse superada por uma significação decisiva, a saber, no nível apenas da simples exigência, cujos fundamentos deveriam ser desvendados.

▶ Elementos de abordagem para um outro movimento de análise.

Primeiro momento: argumentar em favor da manutenção das ilusões: por que seria forçoso não as perder?

Segundo momento: buscar objeções que ressaltassem o caráter capenga, quando não catastrófico, de algumas de nossas ilusões: "política de avestruz" etc.

Terceiro momento: por essa razão, é preferível então "perder as ilusões": por quê? Observação de "arremate": incitar a perdê-las ou a conservá-las não é, afinal de contas, uma idéia bastante estranha? É não só reconhecer que temos ilusões, mas também identificá-las plenamente para sabermos fazer a necessária seleção. Com isso, está claro que ingenuidade e inocência são coisas perdidas. A questão não é mais apenas viver, mas procurar saber como viver.

A partir daí, lucidez e liberdade pareceriam inseparáveis.

VII. ANÁLISES BREVES

1. Será sempre possível distinguir trabalho de diversão?
▸ **Tipo de indagação.**
Uma primeira abordagem do enunciado mostra duas noções que devem ser comparadas: trabalho e diversão. Relendo mais atentamente, notamos a idéia básica segundo a qual a comparação conclui pela existência de uma distinção entre ambos. Ora, o que se pergunta é: será **sempre** possível fazer essa distinção? Em outras palavras, supõe-se que a diferença entre ambos nem sempre seja tão evidente, portanto que, **apesar das aparências, é possível alguma confusão.**

Assim, **mais** do que à simples comparação – semelhanças, diferenças –, a pergunta diz respeito à **avaliação de certo tipo de relação entre as duas noções**, relação que a opinião comum estabelece. Assim, a pergunta se transforma em: será possível questionar a idéia segundo a qual é evidente que trabalho e diversão são essencialmente diferentes? Por que razão podemos ser levados a confundi-los? É simples aparência ou eles de fato têm pontos comuns? Inversamente, a diferença entre eles não seria apenas aparente, havendo semelhanças entre os dois em termos de essência, de ser?

▸ **Abordagem possível da reflexão.**
• Partir da opinião comum, examinando as diferentes características que estabelecem uma nítida diferença entre "trabalhar" e "divertir-se".
Assim, o trabalho parece ligado à satisfação das necessidades – "é preciso trabalhar para viver!" –, enquanto

a diversão está mais ligada ao desejo. Essa primeira distinção suscita várias outras que vão no sentido da diferenciação. Assim, estando a idéia de trabalho ligada à nossa natureza física e mesmo animal, ele se mostra como algo que nos prende à natureza mais primária e instintiva, enquanto divertir-se significa levantar vôo e pairar acima das vis contingências terrenas: tem a leveza do inútil, o delírio do imaginário, a abstração das idéias. Em suma, o trabalho está submetido às injunções naturais, enquanto o divertimento tem a liberdade da cultura e do pensamento. Além disso, o trabalho representa o esforço penoso, enquanto o divertimento oferece a facilidade e o prazer. Por fim, um está inserido nas malhas da rede social, com suas regras e seu caráter público, enquanto o outro se afigura como algo de ordem particular, com fins estritamente pessoais. Com isso, um pertence ao circuito das trocas, enquanto o outro é gratuito, um é "sério" etc.

• No entanto, é verdade que o trabalho pode ser intelectual ou artístico (dizer em quê), aparentemente distante das "vis realidades materiais". Pode não apenas ser agradável mas constituir um verdadeiro prazer (mas seria *para divertimento*?). Por outro lado, a diversão pode exigir esforço, submeter-se a regras e constituir mercadoria paga (Disneylândia), quando não desempenha o papel de inserir-se em certo meio social (jogar golfe, por exemplo)... Finalmente, como dizia Pascal*, diversão e trabalho podem servir para "nos ocupar", propiciar atividades que evitem pensar na morte e no absurdo da condição humana. Preencheríamos assim o tédio e o vazio que seria nossa existência sem eles, esquecendo nossa angústia diante de questões que nos recusamos a enfrentar.

• Identificar então o que está em jogo nessa pergunta é uma questão de definição e até de concepção de trabalho: uma interpretação estrita e negativa do trabalho sempre rejeitará qualquer outra atividade que esteja fora dele como positiva e englobada talvez na noção de diversão. Mas, se o trabalho for concebido como atividade criadora capaz de revelar a própria humanidade do homem, a diferença de natureza não será mais evidente, subsistindo apenas diferenças nas formas e feições que a inteligência inventiva e angustiada do homem assume segundo as culturas e as épocas.

2. Leis naturais, leis científicas, leis sociais, leis morais: a palavra "lei" tem sempre o mesmo sentido?

Essa questão é, ao mesmo tempo, mais fácil que a anterior (que tinha por objeto a *avaliação* de uma comparação aqui não exigida), e mais difícil, visto que é preciso comparar quatro elementos, e não dois: a acumulação é incômoda e leva a pensar que dificilmente poderíamos organizar claramente uma reflexão. No entanto, é isso que será preciso fazer.

▸ **Como proceder?**

Rememorar o que há de peculiar a cada tipo de lei aqui proposto e escrever. Identificar as significações semelhantes e os pontos de divergências. Classificá-los num máximo de três temas, para organizar uma reflexão "transversal" em três pontos segundo uma ordem que exibirá sua razão de ser.

▸ **Sugestão de organização da reflexão.**

• Um primeiro ponto evidenciaria um dos traços característicos de toda lei: **constância** e **generalidade**. É fácil mostrar isso nos dois primeiros casos, porém mais difícil nas leis sociais, pois sabe-se que elas variam segundo as épocas e os regimes políticos.

Todavia, mostraríamos que elas não podem mudar com demasiada freqüência, e que sua mudança nem sempre invalida as precedentes. Por outro lado, elas não dependem de uma decisão particular e individual: seu valor está ligado a seu caráter público e coletivo. Ainda que algumas leis morais possam às vezes parecer pertencer à mesma ordem, elas apresentam uma vantagem: não se conhece nenhuma moral que recomende o roubo, a traição etc.

• Um segundo ponto ressaltaria o fato de que **toda lei rege, comanda**. Processos, comportamentos submetem-se a ela "como" a algo exterior.

• É então que o terceiro ponto implicaria certas ressalvas que exigiriam esclarecimentos. **A necessidade peculiar à lei não é da mesma ordem no que concerne aos fenômenos naturais e no que se refere à realidade humana.** Os fenômenos naturais são da alçada da relação de causalidade; a realidade humana, da alçada da vontade. Os primeiros são expressão do princípio teórico determinista; a segunda, da condição prática do respeito às leis, que é a liberdade.

Isso sempre impedirá qualquer paralelo entre o que regula as **relações entre as coisas** e o que regula as **relações entre as pessoas**. As coisas **são**; o homem **interpreta**.

Recapitulando

▸ **Uma regra de ouro: questionar a pergunta no que se refere ao próprio tipo de indagação por ela proposto (o modo de perguntar).**

• Com "o que é", pergunta-se qual a natureza de, portanto **busca-se uma definição** (cf. análise V, p. 79).
• A análise do enunciado é às vezes necessária para des-

cobrir que responder à questão equivale, entre outras coisas, a compreender a natureza, por exemplo, da arte (cf. análise II, p. 64), da lei, do trabalho (cf. análise VII, p. 97).
- "Pode-se" ou "pode..." ou "é possível...": verbo e locução que concentram **três idéias**: possibilidade lógica, física, moral. Verificar no enunciado qual ou quais têm sentido (cf. análise I, p. 59).
- "Em que" ou "como" ou "em que medida" ou "em que sentido" ou "por que": pede-se para **justificar o enunciado, explicar** em virtude de que ele é justo. Com isso, **buscam-se argumentos**, agrupados em três gêneros no máximo, que convirá **articular,** e não enumerar (cf. análise VI, p. 85, e Parte **3**, análise I, p. 103).
- "É preciso" ou "deve-se" ou "é forçoso...": interroga-se sobre a questão da **necessidade**, da **exigência**. Muitas vezes é exigida a dimensão moral, mas esse não é o único aspecto. É preciso, portanto, buscar critérios em nome dos quais se justificaria a exigência (cf. análise VI, p. 85).
- Pergunta comparativa, seja por oposição (em que o enunciado nos põe diante de uma alternativa: "...ou..."), seja pelo estabelecimento de distinções e semelhanças. Será preciso identificar o que diz respeito apenas às formas que uma realidade pode assumir, e o que se refere a seu próprio ser (cf. análises III, p. 70, e VII, p. 97).
- "É justo afirmar que..." ou "Será verdade que..." ou "Será possível dizer que..." ou "Haverá razão para afirmar que..." ou "Será correto dizer que..." ou "O que pensar de..." ou "O que você acha de...": em todos esses casos, o que se pede não é nossa opinião, como se estivéssemos sendo entrevistados, mas uma reflexão **sobre um juízo**. Para discutir a afirmação e contestá-

la corretamente supõe-se que não ignoramos o sentido e o valor que lhe possam ser atribuídos: convirá portanto relembrá-los. Não é necessário pronunciar-se de maneira categórica, porém, em vez de aventar a possibilidade de falsas conciliações, melhor será mostrar o interesse e o valor filosófico do debate em si mesmo (cf. análise II, p. 64, e Parte **3**, V, p. 103).

▶ **Que interrogações deveremos dirigir à própria pergunta?:**
- Um artigo pode mudar o sentido da pergunta: "Será forçoso lutar contra **a** ilusão?" não é igual a "Será forçoso perder **as** ilusões?" (cf. análise VI, p. 85).
- Um advérbio também pode ser fundamental: "A obediência às leis é **legitimamente** fundamentada?" (cf. análise III, p. 70) ou "Será **sempre** possível distinguir..." (cf. análise VII, p. 97).
- Um adjetivo pode ser determinante: "**Qualquer** violência é coerção?" ou "Leis **naturais**, leis **científicas**, leis **sociais**, leis **morais**: a palavra 'lei'..." (cf. análise VII, 2, p. 99).

Capítulo 3

ENGANADORA FACILIDADE
FORMULAÇÕES CLARAS DEMAIS

I. "Como se explica que, a despeito do tempo, eu continue o mesmo?"

1. Inspiração pouco inspirada
Logo de início, minha impressão é boa: essa formulação me "diz muito". De fato, ela fala de "tempo" e de "continuar o mesmo": ora, incontestavelmente, com o tempo ninguém continua o mesmo! Tema de reflexão interessante – penso –, relativo a tudo o que em mim muda e evolui, no tempo, graças ao tempo e com o tempo... Mas, que nada. Não é nada disso... Não é *nada disso* o que me dizem, nem o que me perguntam! Li a pergunta e não decifrei *o modo como* ela era formulada.
O que aconteceu?
Precipitação? Certamente. Falta de atenção? Sem dúvida, pois quase não notei o tipo de indagação com o qual estava lidando (ver a tipologia recapituladora dos diversos tipos de pergunta, p. 100). Na verdade, alguém me pergunta **como** e não **será que** ou **é possível que**. Em outras palavras, seja lá o que venha depois dos termos **como, em que, por que**, o que se pede é uma **explicação** de proposição, **justificação do que é afirmado** no enunciado, **seja qual for, portanto, minha opinião**! Pedem-me apenas para encontrar os argumentos que possibilitem defender validamente a **tese**. **Não se trata de maneira nenhuma de discuti-la.** Não que ela não seja discutível, mas... não é isso que me pedem, aqui, agora!

*Pois bem... aceitamos... com **muita** má vontade, aliás... enfim, voltando ao enunciado, o que temos?*

2. Análise metódica

▶ Após o famoso "como", vejamos a proposição que caberia defender: "A despeito do tempo continuo o mesmo".

Será que entendi bem? Reformulo: de fato, apesar de o tempo passar (e me transformar), continuo o mesmo?

Cumpre admitir que, se não entendo, é porque a idéia me parece absurda, e incoerente. Por quê? Porque me parece IMPOSSÍVEL permanecer o mesmo, quando tudo indica o contrário: com o tempo, crescemos, adquirimos e perdemos, envelhecemos etc. A tese proposta parece-me, portanto, totalmente indefensável. Somente a tese contrária faz sentido para mim; só que aqui não tenho direito à antítese!

Você tem a impressão de que não avança...
Sócrates* diria, no entanto, como a Mênon, que você avançou mais do que acredita: **não podendo** mais se apoiar na opinião que tinha, você está começando a ingressar no verdadeiro terreno filosófico, pois desta vez **terá de refletir sozinho**, sem idéia "pronta".

▶ Examinemos portanto aquilo que, a princípio, parece continuar sendo o mesmo, embora indagando como isso é possível.

• O que parece subsistir quando minha altura, a cor de meus cabelos, minha idade, o número de meus dentes, minha situação, meus sentimentos etc., mudam?

Haveria algo como uma marca que seja a "mesma", isto é, semelhante, que permaneça *idêntica* apesar das mudanças?

"Idêntica" é o adjetivo. Qual o substantivo? Identidade. Qual o verbo? Identificar... E aí se abrem algumas perspectivas, enquanto "semelhante", remetendo a "semelhança" e a "assemelhar-se", nos afastava de "mesma"; de fato, as pessoas podem se assemelhar, sem no entanto serem as "mesmas".

Certamente, minhas impressões digitais permanecem as mesmas por toda a minha vida. Existe aí uma **permanência** que, ao mesmo tempo, **me identifica**; em outras palavras, ela garante que, apesar de todas as mudanças possíveis, eu não sou outro!

É de notar que estamos diante de **duas** idéias, na verdade: a de **permanência no tempo** e a de **identificação**.

Atualmente, a identidade genética é ainda mais radical: não posso de modo algum ser confundido com outro, seja qual for o estado de meu corpo, que permanece o mesmo... até depois da própria morte! Todavia, convém relativizar esse ponto de nossa reflexão: os gêmeos univitelinos têm o mesmo código genético, mas nem por isso se confundem numa única e mesma pessoa!

Objeção ou ressalva, para aprofundar, fornecida no caso pela idéia acima, de semelhança.

• A vida humana é, portanto, mais complexa e vai bem além. Em primeiro lugar, ela dá um **nome**, por mais modesto e frágil que seja esse tipo de identidade e de permanência. Ou seja, por mais que sejam modificáveis e semelhantes a outros, o meu nome e o meu sobrenome me identificam; se os ouço, respondo: "Sou eu!", gêmeo ou não, tenha eu 10, 20 ou 80 anos!

*Ainda que, assim como o código genético, um nome seja algo "recebido", ele me parece melhor como argumento, pois refere-se a toda uma **pessoa** e à sua existência. É portanto nessa direção que devo aprofundar-me.*

▶ A que se deve a existência desse "eu" que reivindico ser, sejam quais forem meus estados? Simples questão de hábito e de costume como o meu nome? Pura comodidade graças à qual outras pessoas me reconhecem e eu posso afirmar minha existência em meio às múltiplas realidades do mundo?

• Certamente, mas **a coisa não vai mais longe? Por trás da permanência de nome e sobrenome**, não haveria a da pessoa em alguns de seu **traços psicológicos** mais característicos? (Poderíamos falar aqui de temperamentos, de modos de ser, de qualidades, mas também – cf. a psicanálise – de fenômenos psíquicos marcantes. Contudo, não poderíamos negligenciar, depois, as possíveis objeções: as pessoas podem com o tempo deixar de ser tímidas, ou, ao contrário, tornar-se irascíveis, insolentes, audaciosas, aventureiras, covardes... em suma, "não ser mais como antes", ainda que continuem sendo as mesmas pessoas!)

Que vem a ser então esse "eu", sujeito permanente ao qual me refiro sem problemas, quando tudo em mim não pára de mudar ou pode estar sempre mudando?

Alguns diriam que essa palavra é totalmente vazia, mero produto da capacidade ilusória da linguagem e também de sua função prática, que simplifica e unifica abusivamente pela palavra o que precisa designar.

▶ Entretanto, quando digo "eu", pareço estar exprimindo a realidade de meu ser que, **atualmente**, situada neste presente, se **lembra** do passado e, **ao mesmo tempo**, pensa em algum **projeto**. Em outras palavras (*reformulação que permite elucidar o pensamento*), esse "eu" assemelha-se à lançadeira do tecelão que passa e repassa o tempo todo por entre os fios, construindo uma única e mesma peça de tecido **nas** diferenças **e através delas**, **nas mudanças e através delas**. A propósito, cabe citar o texto muito esclarecedor de Bergson* (*Premières Leçons...**, texto 20), que caracteriza a consciência humana como um "traço-de-união entre o que foi e o que será, uma ponte lançada entre o passado e o futuro".

Assim, eu continuaria o mesmo *em primeiro lugar* porque **um mesmo ato de consciência**, que lembra e antecipa ao mesmo tempo, **liga dentro de mim** todos esses pensamentos e vivências diferentes.

▶ Todavia, se eu prestar muita atenção ao que acontece quando digo "eu", *saberei mais*: **tenho consciência do próprio ato de consciência que unifica**. Neste ponto, será preciosa a contribuição de Kant, que, num texto certamente difícil porém conhecido, fala da criança que descobre ser "sujeito pessoal" quando passa a dizer "eu" ao falar de si mesma. Que diz Kant*? Não é suficiente que as representações sejam "acompanhadas de consciência, mas é preciso que **eu acrescente** uma representação ("eu penso") [...] consciência da síntese delas (para que, apreendendo) numa única consciência a diversidade dessas representações, eu as denomine todas como representações **minhas**" (*Crítica da razão pura**).

Em outras palavras, é por meio dessa consciência "superior" (sujeito transcendental) que refiro a mim, e como minhas, as diferentes vivências pensadas ("representações").

▶ Assim, a criança pára de falar de si mesma na terceira pessoa (isto é, do modo como ouve os outros falar dela) quando, ao tomar consciência dessa síntese, se projeta acima dela (distanciamento e dominação), ao mesmo tempo que dela se apropria e refere a si mesma.

É essa consciência de consciência, *para* si, que, fazendo a criança tornar-se **seu próprio centro de referência**, a leva a dizer "eu", quando já é capaz **de representar pessoalmente** os mais diversos tipos de atos, estados, acontecimentos e pensamentos de que tem consciência. Trata-se sempre do mesmo "eu", pois é a ele que tudo se refere, para quem tudo existe e do qual tudo parte.

▸ Sendo assim, não é bem **a despeito** do tempo, isto é, apesar dele, contra ele, "à margem" dele ou trapaceando-o, que continuo o mesmo: é, ao contrário, **nele e por ele, a partir de e graças a** todas as mudanças que ele opera ou permite que se operem, que **eu me constituo como sujeito permanente e idêntico**, ao qual foram, são ou serão referidos palavras, pensamentos e atos que garanto serem efetivamente "meus", ainda que, hoje, eles possam me parecer odiosos ou simplesmente surpreendentes. Em outras palavras – e aqui algumas análises de Sartre* ou Merleau-Ponty* enriqueceriam nosso assunto –, o sujeito dito "transcendental" que permanece de fato o mesmo nem por isso está desencarnado nem é abstrato, anônimo ou imóvel.

• Garanto que se trata realmente de mim e... assumo! Reconheço como "minhas" uma maneira de ser, uma consideração feita em dado momento, em virtude de determinado projeto que, por sua vez, é função desta ou daquela visão de meu passado – ou do passado de outrem! –, de uma situação etc. Ainda que os critérios e as variáveis nos quais me apoiava ontem não sejam mais os que escolheria hoje, ainda que os parâmetros em jogo tenham mudado, percebo o todo como algo vinculado à **minha** apreciação, exatamente como, neste momento, continuo existindo segundo certa maneira de dar sentido ao que me cerca e ao que faço.

Assim, incorporo, distancio, utilizo, manipulo e combino, segundo múltiplas possibilidades, todas as maneiras de olhar o mundo, minhas e alheias, que são significações passadas, presentes e futuras com as quais teço minha existência, a minha e não a do vizinho, isto é, aquela da qual sou inexoravelmente sujeito, sujeito que não pode ser trocado nem intercambiado.

3. Pistas de reflexão

▸ Com o tempo, parece que tudo muda. No entanto, ao longo de toda a minha existência afirmo um mesmo "eu", nem que seja só falando dele. Qual é portanto esse "**eu**" que parece **continuar o mesmo** enquanto **eu mesmo mudo**? E, sobretudo, como isso é **possível**? Como se articulam em mim mudança, permanência e identidade?

• Uma primeira abordagem, biológica, pareceu-nos logo de início carecer de pertinência, visto não se tratar do "eu" em sua plena dimensão de pessoa humana, que, em contrapartida, pode expressar-se melhor na – embora frágil – identidade jurídica e cultural.

• Contudo, parecia que esta só adquiriria alguma consistência em decorrência de uma verdadeira patenteação psicológica de todo o meu ser, na esperança de encontrar em seu âmago mais secreto aquele "eu" que o tempo não poderia atingir.

Embora, nesse aspecto, a "psicologia das profundezas" pareça capaz de fornecer (Psicanálise) alguns possíveis elementos de permanência psíquica, não deixamos de ser sensíveis à extraordinária versatilidade do ser humano, que, podendo ter atitudes imprevisíveis e dar guinadas surpreendentes, não hesita em afirmar que elas são "suas", embora se recuse a nelas se confinar.

• A essa abordagem psicológica poderia ser acrescentada a abordagem moral, que também recorre a um sujeito que responderia por seus atos, independentemente de seus diversos estados. Entretanto, nem uma nem outra permitem **imobilizar** cada um de nós num "ser" definido para sempre.

▶ Sendo assim, precisamos recorrer à consciência para melhorar as perspectivas de explicação.

• Tanto em sua temporalidade quanto em sua capacidade de transcender as vivências, os estados e os pensamentos mais diversos, o "eu" que assim se revela tem algo de surpreendente: nada parecido com aquilo que buscávamos e... acreditávamos encontrar! Porque, em vez de permanecer o mesmo A DESPEITO do tempo, contra o tempo, numa espécie de resistência feroz, crispado num "ser" que deve ser defendido da desestabilização devastadora do tempo, o **sujeito** que descobrimos é muito diferente: é positivo, dinâmico, e sempre toma a iniciativa de apropriar-se da menor das realidades para lhe dar sentido; é ele que **FAZ USO** do **tempo e das mudanças** e, com isso, **se constitui de maneira constante e identificadora como** SUJEITO.

• Assim, ele não deve ser buscado em nenhuma realidade secreta, oculta **no mais profundo** de nosso ser, nem em nenhuma realidade formal **acima** da existência concreta que vivemos. Paradoxalmente, **minha permanência e minha identidade** consistiriam mais nesse mesmo **movimento** de incessante atribuição de sentido ao que me cerca, ao que me acontece, ao que penso, ao que quero etc.

O "mesmo" que eu continuaria não deve portanto, finalmente, ser compreendido em termos de "ser", mas sim de "**relação**" e de "**sentido**".

É desse modo que, afinal, pudemos justificar uma idéia que no ponto de partida se afigurava totalmente impensável; e foi também desse modo que, forçados a desistir de idéias e opiniões a que habitualmente "aderimos", acabamos por fazer belas descobertas, passando por alguns referenciais filosóficos interessantes, para culminar, na chegada, numa idéia bastante surpreendente!

II. "Podemos respeitar o que amamos?"

1. Inspiração pouco inspirada

O que motiva a falta de atenção e a precipitação, como vimos, é a **evidência da nossa opinião, que** se impõe **antes mesmo** de pensarmos de maneira refletida, com o risco de bloquear qualquer possibilidade de pensarmos outra coisa.

Em vez de permitir que nossa opinião aja na sombra, é melhor lançar sobre ela as luzes dos holofotes, deixando-a exprimir-se antes de pensarmos "friamente" o enunciado.

• Assim como, na análise precedente, "tempo" e "mesmo" pareciam opor-se, também aqui "respeitar" e "amar" parecem inevitavelmente associados: o segundo é inseparável do primeiro! Mais precisamente, **deve-se** respeitar o que se ama, caso contrário não há amor! Meu propósito será claro, portanto: mostrar que o respeito está no cerne do amor, conferindo-lhe plena dimensão, tanto afetiva quanto moral.

• PODEMOS respeitar o que amamos? Em outras palavras, a pergunta é: respeitar o que amamos é coisa POSSÍVEL?. Cabe lembrar que "poder", nas línguas latinas, abarca três grandes campos semânticos: **capacidade, probabilidade, autorização**. (Cumpre portanto considerar cada sentido no enunciado a fim de verificar o que "faz sentido".)

• Minha opinião e o enunciado: se comparados, qual o resultado?

Em primeiro lugar, um grande mal-estar... Pois perguntar-se se é possível, **eventualmente, virmos** a respeitar o que amamos significa que, de saída, isso não é coisa tão evidente! Logo, significa dissociar o que nossa opinião associa espontaneamente!

O enunciado **subentende exatamente o contrário do que eu subentendo!** Ele sugere que *no ponto de partida* há diferença ou até mesmo **incompatibilidade** entre "respeitar" e "amar", já que a pergunta fala da **possibilidade de aliar os dois**.

2. Análise metódica

Como dar a partida?

Partindo do próprio enunciado, isto é, justamente de seu **subentendido**, da idéia de que "respeitar" e "amar" não andam sempre juntos.

Que casos e que atitudes poderiam acudir à nossa mente?

O apaixonado que espiona ou mesmo enclausura o ser amado por medo de perdê-lo é certamente um caso típico: por **ciúme**, o apaixonado insulta a outra pessoa com sua desconfiança e, para melhor vigiá-la, acaba por organizar a vida dela com autoritarismo, da maneira que convém a seu ciúme, não suportando que o ser amado goze de nenhuma liberdade pessoal. Ele ama e, **porque ama, não pode respeitar** a autonomia própria da outra pessoa, a liberdade do ser humano de dispor de si e de estabelecer seus próprios fins. Na verdade, o apaixonado percebe essa liberdade como um perigo – risco de perda do ser amado –, mas também como algo que lhe escapa, algo de que ele não pode se apropriar e que lhe é alheio.

Mesmo sem incidir no desejo doentio de posse do ciumento, parece que de fato o amor busca unir, abolir distâncias. Ora, como dizia Kant, o respeito, espécie de

temor mesclado de admiração, sem dúvida "mantém distâncias". Assim, nessa distância que marca a total ausência de interferência, há o risco de se achar que, em matéria de amor, respeito demais é indiferença em relação à pessoa amada, despreocupação com o que ela realmente pensa e vive, com aquilo de que ela goste e queira...
- Assim, percebe-se melhor por que a pergunta pode ser formulada. Chega-se mesmo a conceber em que sentido "respeitar" e "amar" constituem afinal dois sentimentos muito diferentes, podendo mesmo opor-se. Nessas condições, cabe-nos então indagar – como a pergunta nos convida a fazer – se, além das divergências que os separam, não haveria um ponto, um "lugar conceitual" (de idéias) em que respeitar e amar se hamornizassem.

3. Pistas de reflexão
▶ O "lugar conceitual" onde se estabelece um vínculo entre respeitar e amar deve certamente ser buscado no âmbito das noções de **pessoa, liberdade, valor**.
- Assim, respeitam-se apenas pessoas, dizia Kant, não coisas (lembrar por quê).

Ora, amar uma pessoa é amá-la como tal, e não como um objeto do qual eu queira me apropriar, unicamente para satisfazer-me. Isso implica reconhecer que ela tem direito a uma **liberdade inalienável**, liberdade que lhe possibilita amar-me livremente, decidir sobre sua própria vida, estabelecer **valores** que dêem **sentido** e **finalidade** a suas ações.
- Amá-la: não **apesar** dessa liberdade que vem de encontro à minha (chocando-se talvez com meus desejos), mas **por causa** dessa liberdade, sempre em ação, liberdade **sua**, pela qual se exprime todo o seu ser, esse ser que precisamente... eu amo!

Assim, "temor e admiração" – respeito – surgem **em razão** da aceitação da pessoa em toda a sua liberdade, como partícipe de **qualquer** relacionamento, portanto também de uma relação amorosa, na qual, certamente mais que em qualquer outra, a confiança na grandeza do outro e em seu inestimável valor também é confiança na liberdade, o que possibilita superações surpreendentes, quando não assombrosas. União imprevisível e extraordinária, contudo presente nas situações mais comuns, amar **e** respeitar constituem a experiência humana mais delicada, e também a mais "transcendente"!

▶ Assim, partindo do próprio subentendido da pergunta, *um primeiro momento* abordaria o que diferencia ou até mesmo o que opõe "respeitar" e "amar", mostrando desse modo por que é possível perguntar se há possibilidade de associá-los. *Num segundo momento*, centrando-nos na oposição entre objeto e pessoa, destacaríamos a especificidade das relações humanas, complexas e difíceis, em relação ao desejo em particular. *O terceiro momento* poderia então desenvolver plenamente as condições em que a união de amor e respeito se realiza de fato.

III. "Haveria razões para incriminar a técnica?"

1. Inspiração pouco inspirada
Diante dessa pergunta, eu diria que a técnica, embora pareça trazer inconvenientes e até mesmo perigos, também tem aspectos positivos e vantagens indubitáveis. Minha reflexão abordará portanto as vantagens da técnica, embora permaneça sensível a seus inconvenientes...

* *"Haveria razões para incriminar a técnica?"* PERGUNTAMOS NÓS: "Haver razões para", o que é? É ter motivos fundamentados, portanto não incidir em erro, ter a verdade ao seu lado ou ser *justo*. De onde vem este último sentido? Provavelmente do fato de eu me lembrar da continuação da pergunta: **incriminar**. Ora, com incriminação temos um **culpado** e um **julgamento**: o acusado (incriminado) será culpado? Se sim, é preciso apresentar provas. Se não, qual o verdadeiro culpado?
* Portanto, é preciso tentar descobrir um culpado ou vários culpados: a questão dos aspectos positivos e negativos, das vantagens e dos inconvenientes da técnica, é portanto totalmente nula e improcedente!

2. Análise metódica e pistas de reflexão

Mais uma vez, é preciso partir do enunciado e de seu subentendido, a saber: o fato é **que a técnica é incriminada**. Para saber se há razões para isso, vejamos primeiro aquilo que, à primeira vista, parece transformar a técnica numa excelente ré.

Após examinar não tanto **aquilo de que** a técnica seria culpada (efeitos) porém mais **por que** (devido a que características) ela seria culpada, poderemos, *num segundo momento*, expressar algumas restrições, ressalvas e objeções essencialmente centradas n**a natureza instrumental** da técnica, que, mesmo quando complexa e sofisticada, continua sendo simples meio, incapaz em si e por si de propor fins e conferir sentido.

Onde está então – pergunta-se num *terceiro momento* – o **verdadeiro culpado? Quem** ou **o que deve ser incriminado**? Não será aquele que, privilegiando esta ou aquela característica da técnica, faz dela uma caricatura? Não será aquele que, abandonando outras maneiras de ser, concentra nela excessivas idéias, esperanças e fantasias, mas também revolta e exasperação? Em suma, a técnica assume as formas, os fins e o sentido que o próprio homem consente em lhe atribuir.

IV. "POR QUE RECUSAR CONSCIÊNCIA AO ANIMAL?"

1. Inspiração pouco inspirada
▶ De fato, não há razão! O animal também é dotado de consciência. Mostremos portanto que essa recusa não se justifica, apontando tudo aquilo que indica a existência de consciência no animal.
• O tipo mesmo de indagação (ver tipologia recapituladora, p. 100), "por que", sugere buscar as **razões** que argumentariam em **favor da** RECUSA **a conceder consciência** ao animal. Em outras palavras, terei de demonstrar exatamente o contrário do que penso! Porque **"recusar consciência ao animal"** constitui a **tese** que aqui me pedem para **justificar** (O problema é idêntico ao da primeira análise, p. 103).

2. Análise metódica indicativa
Partiremos da idéia contida na pergunta: "consciência" e "animal" são antinômicos (contraditórios). Examinaremos então onde se situa sua oposição mais radical: reflexividade, distanciamento conceitual em relação à ação, sobrevivência, instinto e injunções da natureza, inelutáveis para o animal em seus comportamentos; daí, passaremos ao fenômeno cultural (arte, religião, ciência...) no homem e sua transmissão além das necessárias condições de existência.

3. Pistas de reflexão
▶ Partindo de uma análise da consciência que realce aquilo que a torna uma peculiaridade do homem, excluin-

do portanto o animal, propomos uma argumentação de fundo, isto é, que verse sobre fundamentos ou **razões ontológicas** (da ordem do ser).

• Mas é verdade que poderíamos discernir nessa recusa razões de outra ordem, a saber, **razões metodológicas**: o que será desenvolvido num segundo momento. Essa recusa se explicará então a partir daquilo que se entende por "consciência", ou seja, a definição que dela se dá. Ora, quanto mais rica em características específicas for uma definição, mais ela excluirá um certo tipo de ser para melhor definir seu alvo. Em compensação, se deixar de lado algumas características, englobará mais indivíduos. É exatamente o que acontece com a definição de consciência, que podemos aqui tornar mais extensível: presença no ambiente, adaptação à realidade, atenção, memória... elementos esses que caracterizam também o animal em sua relação com o mundo; em alguns, a dimensão afetiva apuraria ainda mais esse fenômeno de consciência. Neste ponto, as considerações de Aristóteles* (os três tipos de alma conforme o ser vivo considerado) e as de Bergson* serão preciosas para alimentar a reflexão. Portanto, recusar consciência ao animal é algo que depende de uma escolha de definição. Mas **por que essa escolha?**

...O último momento da análise poderia então propor duas razões: **psicológica e filosófica**.

O homem, em virtude precisamente de certo fenômeno de consciência (dualidade), só se apreende através de contrastes e da desvalorização daquilo que não é ele; em suma, ele se põe opondo-se – aspecto psicológico.

A filosofia ocidental, por outro lado, desenvolverá concepções bastante desvalorizadoras da Natureza, que é reduzida à materialidade mais estrita e ao instinto: Platão, Descartes, Kant... há referências à vontade! O homem, por ser dotado de razão, estaria acima da animalidade e mesmo da naturalidade estrita.

Assim, mesmo deixando transparecer que seria preciso matizar a tese, permanecemos efetivamente no âmbito da pergunta formulada, isto é, **justificação e não discussão**. Apenas nos permitimos **mostrar em que condições essa tese se justifica**, condições que, *noutras circunstâncias*, não somos obrigados a considerar!

V. PODE-SE CENSURAR A ARTE POR SER INÚTIL?

1. Inspiração pouco inspirada

- A primeira reação nos leva a contestar violentamente: a arte parece inteiramente útil. Com isso, o sentido da pergunta não aparece: por que questionar o que parece tão evidente?
- Entretanto, o adjetivo "inútil" é atribuído à arte; em outras palavras, ele qualifica a arte.

A inutilidade é então uma propriedade que se considera pertencente à arte. Trata-se efetivamente da inutilidade DA arte.

Assim, *o problema que se formula é*: levando em conta que a arte é inútil, ou, já que a inutilidade é característica da arte, poderíamos censurá-la por isso? **Pode-se** censurar a arte pel**o fato de ser inútil**?

A discussão consiste então em perguntar, primeiro, se *há realmente condições de* fazer essa censura à arte e, a seguir, se há *fundamento* em fazê-la, se temos *direito* de fazê-la.

A inutilidade da arte está aqui radicalmente fora de discussão.

2. Pistas de reflexão

• Numa primeira fase da análise perguntaríamos **em que sentido teríamos condições, teríamos a capacidade de censurar a arte por sua inutilidade**.

Se há censura, é que esse caráter parece negativo. Em relação a quê? A própria palavra já indica! Inútil = não ser útil. É *útil* o que é positivo, e não sua negação. É esse, portanto, o critério à luz do qual a arte é avaliada.

Se positivo = útil, isto é, se o conceito de "útil" concentra em si *toda* a positividade, então de fato a arte pode ser censurada por nada valer.

Produzindo realidades sem valor, porque inúteis, a atividade e o estado de espírito artísticos tampouco têm valor.

Mostraríamos então que precisamente nessa perspectiva serão desenvolvidas as teses utilitaristas da arte. Porque, *uma vez que* sua inutilidade intrínseca é deplorada, tenta-se então "fazê-la servir para alguma coisa"! E aí identificaremos as diversas **funções** que serão atribuídas à arte: psicológicas, históricas e culturais, quando não políticas, religiosas ou... filosóficas!

• **Uma segunda fase ressaltaria que, se estamos em condições — como acabamos de ver — de censurar a arte por sua inutilidade, significa também que temos legitimidade para isso, direito de censurar?**

Ora, não estaríamos censurando certa realidade por ser... o que é? Isso tem sentido? Fazer essa censura à arte é censurá-la por ser arte e... não técnica, por exemplo! Em outras palavras, é censurá-la por não pertencer **por essência** *à ordem do meio, do intermediário, do instrumento*, a serviço de um fim e segundo o critério de eficácia (isso deve ser mostrado por um pequeno estudo comparativo).

• **A terceira fase**, desenvolvendo tanto os temas da criação quanto da contemplação estéticas, **mostraria** que a arte **"torna visível o invisível"**, segundo a bela expressão de Paul Klee (um bom parágrafo explicaria o sentido dessa afirmação sobre a arte).

Não sendo a utilidade o único valor existente, poderemos então defender a idéia de que a arte, a despeito de sua inutilidade, é inteiramente positiva.

Iríamos até mais longe: beleza e verdade adquirem tais dimensões na arte que esta imerge no mais profundo da condição humana, tanto naquilo que a habita como naquilo que a assombra.

A arte, então, não seria **positiva** apesar de sua inutilidade, mas **em razão de sua inutilidade**.

Não podemos, portanto, censurar a arte por ser inútil, pois **é graças a essa inutilidade que**, numa tensão sem distensão, **a arte consegue ser o próprio homem em busca de Ser e de Sentido**.

Capítulo 4

SAIR DO ESTUPOR PARALISANTE
FORMULAÇÕES OBSCURAS

I. O QUE PENSAR DESTA AFIRMAÇÃO: "DIANTE DAS COISAS DA VIDA, NUNCA DIGA: 'É NATURAL'! CONFIRA A CONTA, É VOCÊ QUEM A PAGA"?

1. Análise da frase
• Perguntam-nos o que pensar dessa afirmação. Tudo bem, mas primeiro teríamos de entender o que ela quer dizer antes de podermos nos pronunciar!
Como proceder?
O método clássico, cartesiano (*Discurso do método*, 2ª parte), consiste em não enfrentar todas as dificuldades ao mesmo tempo, "em bloco", mas em dividi-las no maior número possível de elementos, para em seguida tomá-los um a um, e recompor finalmente a meada desenredada, a partir da ordem lógica que a rege.
Deixaremos – portanto para uma fase posterior o "que pensar", ou seja, a questão do fundamento e do valor de tal afirmação, para primeiramente depreender seu sentido.

▶ Primeira parte da frase: "Diante das coisas da vida, nunca diga: 'É natural'!" O tom é claramente de conselho veemente, se não imperativo. "As coisas da vida": a expressão parece referir-se à nossa existência (portanto, provavelmente ao que a caracteriza). Trata-se de *coisas* da "vida", portanto, em certo sentido, não exatamente de nós em particular, mas sim daquilo que nos acontece ou necessariamente nos acontecerá porque vivemos: contrariedades e infortúnios provocados pelos outros? "A vida é assim!": de fato, ninguém vive sozinho, e os outros "nem sempre são uns anjos!" Esses outros são alguém em particular? De jeito nenhum! Os homens são assim – dirão alguns –, violentos, egoístas, ciumentos... é "a natureza humana"!

É isso o que se diz ou se ouve dizer por aí: **ora, nosso sábio nos desaconselha formalmente invocar de pronto a natureza**.

• Prosseguindo a investigação, temos: se as coisas da vida representam tudo o que de exterior nos pode acontecer, as inevitáveis "leis da vida" que constituem o quinhão de todos nós, podemos pensar nos fracassos mais variados que nos afligem e também, certamente, nas doenças. Entretanto, não serão coisas da vida também o amor, o trabalho, a vida familiar, a realidade social e política, portanto a paz ou a guerra, os costumes do país, os princípios da religião dominante, a organização social etc.?

Essas realidades não parecem diretamente naturais: que dizer então? Não seria isso considerar que elas têm a **mesma necessidade, o mesmo caráter exterior e implacável que as coisas regidas pela natureza**? Será que elas se impõem a nós com o mesmo determinismo? É o que leva a entender o termo "natural": "nada podemos fazer", portanto é deixar acontecer, e aceitar tudo.

▶ É aí que a continuação da frase se esclarece: "Confira a conta, é você quem a paga". Em outras palavras, ao acharmos tudo inevitável, porque "natural", sem fazermos a menor seleção, endossamos e sofremos certo número de conseqüências infelizes – "a conta" – que **talvez nunca tivessem existido se tivéssemos achado que elas poderiam ser evitadas**. Ou seja: os fatos e as situações que achamos nada terem de necessário, se parecerem nefastos, serão "cortados pela raiz", evitando-se assim que grassem. Como seu processo não é regido por nenhuma mecânica cega, eles poderão ser interrompidos no momento certo; caso contrário o "preço" pago poderá ser bem alto.

▶ Assim – "o que pensar" – a frase nos convida a demonstrar discernimento no tocante ao caráter supostamente "natural" de certo número de realidades e situações: **valor intelectual do preceito**, mas também **valor moral**, que convida a não aceitar preguiçosamente tudo o que existe e acontece, mas sim a "tomar as rédeas" daquilo que, em nossa existência, depende plenamente de nós e da ação conjugada de amigos e concidadãos. O precioso conselho que nos dão nessa frase é: não devemos deixar que nos desapropriem de nossa própria existência e do destino que podemos construir.

2. Formulação do problema

Assim, refletir sobre essa afirmação é refletir sobre a liberdade humana e o papel atribuído à natureza. Natural é normal? Habitual? Se assim for, não estaríamos tomando por natural o que não é? Ou teremos de compartilhar a tese estóica de determinismo absoluto – e bom ainda por cima –, cabendo-nos então aceitar tudo?

II. O QUE É PANORAMA?

1. Análise do enunciado

Apesar de seu caráter no mínimo desconcertante, a pergunta nada tem de insidioso nem de maldoso: é preciso apenas refletir. Ora, aqui a situação é ideal: à primeira vista, nada a que possamos "nos apegar", nada que seja um eventual *conteúdo de pensamento*, mas... precisamente, temos o essencial: o *próprio pensamento*, à espera de uma ação direta.

▸ Recorrer a quê? Partir de onde? Como de costume, do simples enunciado, de suas palavras e dos sentidos que elas suscitam, não por meio da imaginação a divagar em todos os sentidos, mas permanecendo o mais próximo possível daquilo a que essas palavras supostamente se referem, no dicionário e na vida comum,.

A pergunta "O QUE É"... nos põe de saída no caminho da busca da definição, ou seja, é preciso circunscrever a natureza, a essência de algo, identificando suas características (cf. texto 1, *Premières Leçons de Philosophie**).

Assim, "o que é lama?", pergunta Sócrates. "Uma mistura de água e terra." Única resposta válida? O que precisamos fazer aqui é definir essa realidade exterior a nós, tentando discernir as características que a fazem ser o que é e... não outra coisa!

O que faz então um panorama ser um panorama?

Montanhas? Árvores? Um riacho? O tranqüilo rebanho a pastar? O pastor? Um grupo de crianças? Casas de aldeia? Uma cidade e suas fábricas? As estradas e a ferrovia? Portanto, automóveis e trens? Mas também fios elétricos, nuvens?...

• Primeira observação: chamo de "panorama" não cada um desses elementos, mas o **conjunto** que eles formam.

• Segunda observação: minha tendência imediata talvez tenha sido privilegiar **a realidade natural**, mas, no ímpeto da enumeração, acabou parecendo possível incluir a realidade urbana e mesmo **a realidade fabricada** pelo homem – a paisagem industrial, por exemplo – na designação de "panorama".

Nessa ordem de idéias, as duas palavras se combinam, e teríamos paisagem como sinônimo de panorama. É o homem que compõe artificialmente certo conjunto de elementos naturais, dispostos e organizados segundo certa ordem, com o objetivo de produzir certa...

> ..."Visão de conjunto".

Combinar o natural e o artificial não é também o caminho para um segundo emprego da palavra "paisagem" como sinônimo de "panorama"? Se não, vejamos: é possível ser **paisagista** de duas maneiras: "arquiteto-paisagista" e artista-pintor. E, mesmo não sendo pintores, podemos preferir retratos ou naturezas-mortas a... paisagens.

Mas falávamos de "**VISÃO** de conjunto". De fato, o fenômeno visual parece até aqui ter sido essencial. Poderíamos ir além dele? Na verdade, sim. Se deixarmos de lado o sinônimo paisagem e voltarmos ao panorama, não poderíamos falar em "panorama musical", por exemplo? Podemos até tentar sair do âmbito dos cinco sentidos, indo para campos mais abstratos, mais intelectuais; falaríamos então de "panorama político" ou de "panorama cultural".

Na verdade, o que revela o uso desse sentido figurado da palavra panorama? Provavelmente, que somos platônicos sem sabermos. Na verdade, "ver" remete também ao que *o espírito contempla e examina* ("veja o que pode fazer") e, identificando relações, remete também ao que ele *compreende*: "Já estou vendo aonde você quer chegar."

Em vez de complicar, a polissemia (sua pluralidade de sentidos) e a sinonímia enriquecerão a reflexão se pudermos manter juntas as duas dimensões: sensorial e intelectual.

Assim, enquanto "visão de **CONJUNTO**", panorama constitui uma realidade paradoxal em que entram em jogo **objetos** (elementos paisagísticos como montanhas e trens, mas também programas de rádio e televisão, teorias morais, correntes políticas...) exteriores a mim e independentes de mim; **e o sujeito**, percebendo-os (visual ou mentalmente), reúne-os de uma maneira que lhe é própria. De que modo?

Parece haver dois tipos possíveis de seleção, pelo menos. O primeiro consiste em valorizar certos elementos, escamoteando outros...

A seguir, conforme a delimitação que se fizer do "campo visual", não se obterá o mesmo panorama. Assim, conforme volto meu olhar para esta ou aquela direção, o conjunto determinado pode assumir tamanhos variáveis, mas também adquirir, enquanto conjunto, certo caráter, uma tonalidade muito diferente de outro.

Qualquer um pode fazer essa experiência fotografando. Acontece que toda apreensão de tipo intelectual realiza exatamente o mesmo trabalho de seleção, em virtude dos critérios mais diversos.

Em outras palavras, se a respeito do que é simplesmente "visto" parece possível dizer que a visão depende tanto DAQUILO que há para ver quanto DAQUELE que vê, com muito mais razão se pode dizer que "um panorama" é constituído **POR** e **PARA** um ser pensante que contempla. **A própria idéia de conjunto**, presente no núcleo daquilo que define panorama, **só existiria para um ser que o pensa como conjunto e que o CONSTITUI TAMBÉM**.

O que para o animal é "ambiente" para o homem é "panorama".

2. Pistas de reflexão

Com base no que acaba de ser estabelecido por essa primeira abordagem analítica, a busca das pistas de reflexão vai poder centrar-se no que parece constituir o cerne do ser do panorama: **o encontro entre sujeito e objeto**.

• *Uma primeira pista* nos é fornecida por Kant* em sua reflexão sobre as modalidades do conhecimento humano. Somente condições *"a priori"* (exteriores e anteriores à experiência) possibilitam o que chamamos de experiência sensível do mundo. Em outras palavras, em toda percepção sensorial ordinária intervém o que Kant chama de "formas *a priori*" que, embora nada tenham que ver com o objeto percebido, constituem aquilo que permite a um sujeito apreender qualquer objeto. O espaço e o tempo constituiriam essas "formas" através das quais toda realidade sensível é percebida. Com isso, **o sujeito sintetiza** o que não passaria de sensações dispersas e isoladas: obtém-se então a percepção. E é a síntese de várias percepções que forma a experiência em geral, quadro no qual se insere a "paisagem/panorama", visão de conjunto.

Desse modo, se já o mundo "em si", independentemente da maneira como o apreendemos, é propriamente inacessível, então não existe panorama "em si", porquanto ***somos nós que o constituímos*** como ***panorama***.

• *A segunda pista* completaria a primeira indo investigar a chamada "Teoria da Gestalt" ou "Psicologia da forma" (Paul Guillaume*). Essa corrente de idéias afirma que a forma, sintetizando elementos esparsos, prevalece sobre a "percepção" ou a memória que deixariam esses mesmos elementos dispersos e díspares. Mais ainda: entre várias "formas", isto é, vários conjuntos possíveis, damos mais atenção àquele que, de saída, faça **mais sentido para nós**.

É isso que está por trás dos famosos quebra-cabeças de nossa infância, nos quais precisávamos achar um objeto, um animal ou uma personagem "escondida" em meio a um panorama coerente.

• Essa segunda pista pode então ser prolongada por uma *terceira,* que retomaria algumas belas análises sartrianas sobre a consciência, seu poder de distanciamento em virtude da intencionalidade que a caracteriza ("toda consciência é consciência DE", dizia Husserl), e daí o recuo, a ruptura e uma espécie de face-a-face com o mundo, ao mesmo tempo que nos apropriamos dele e lhe atribuímos certo sentido.

Num **ato de significar**, o ser humano elabora e reelabora o sentido, segundo intenções e lembranças claras e refletidas, mas também as mais secretas. Podemos então pensar mais particularmente em Freud* e na Psicanálise*.

A seguir, poderíamos concluir com a meditação de Cézanne*, ao indagar "o que é pintar uma paisagem". Merleau-Ponty* ressalta a maneira como o pintor quer apreender o panorama para depois "traduzi-lo em paisagem", criando ao mesmo tempo.

Inacreditável e imenso é o desafio de revelar esse estranho tipo de comunicação em que Cézanne, pintando mais de sessenta vezes a montanha Sainte-Victoire na Provença, exaure-se a captar fragmentos de um falar mudo...

Assim, perguntar o que é panorama não seria tentar penetrar mais profundamente o que quer dizer "**SER NO MUNDO**"?

III. Análises breves

1. "A matemática – dizia Bertrand Russell – é uma ciência em que não sabemos do que estamos falando nem se o que estamos dizendo é verdade."

▸ Também neste caso o enunciado nos deixa sem palavras. Mas por razões um pouco diferentes das do enunciado anterior. O que bloqueia aqui nossa pesquisa é que a idéia proposta – e não por alguém que "nada sabe do assunto"! – está totalmente na contramão do que se fala a respeito da matemática, ciência prestigiadíssima, modelo de "ciência exata", absolutamente indispensável hoje em quase todos os campos, capaz de validar não só o nível intelectual de quem quer que seja como também a "cientificidade" de qualquer processo mental que se pretenda sério.

• Como compreender então tal afirmação?

Em primeiro lugar, livrando-nos precisamente de todas essas idéias preestabelecidas: abandonando-as e voltando à pura e simples consideração do que constitui a matemática. E do que fala a matemática?

Nesse ponto, o exame das **definições** seria instrutivo: ao contrário do colega que estuda a natureza, o matemático, por definição, *cria seu objeto*. Por definição, ele não descreve uma realidade exterior e independente do espírito humano, como aves ou água: é definindo o triângulo ou o círculo que ele o cria.

• Prolongaríamos essa reflexão à luz da **axiomática** que introduz em matemática um verdadeiro primado da relação lógica. Os sistemas constituem então *puro jogo mental* a partir das imensas possibilidades combinatórias dos diferentes conceitos e das leis que podem regê-los. Portanto, aí, "**do que** se está falando exatamente?"

▸ "Também não se sabe – dizia Russell – se, em matemática, o que estamos dizendo é verdade." A que estaria ele aludindo? O que parece constituir a verdade de uma proposição em matemática e, por extensão, em ciência e em tudo que se pretenda rigoroso, e não fantasioso?
• O fato de ter sido **demonstrado**! E nesse caso, *convenhamos,* que eficácia! Instrumentos e métodos foram minuciosamente elaborados para tanto. Mencionaríamos o raciocínio de tipo dedutivo de rigor absoluto, capaz de possibilitar a generalização que faz o raciocínio progredir. Assim também, mencionaríamos a possibilidade de substituições e outros procedimentos operatórios que permitem provar conclusões. Portanto, tudo é demonstrado!... *Tudo?* E os **pontos de partida?** As definições são "dadas", e o que dizer dos axiomas, dos postulados? Embora os axiomas sejam totalmente indemonstráveis, temos a impressão de que são tranqüilamente aceitáveis como tais, já que sua evidência é irrefutável ("o todo é maior que a parte", por exemplo).
• Contudo, essa evidência que nos parece ser o critério da verdade não procederia simplesmente do fato de haver conformidade com as leis que regem nossos processos mentais? Em outras palavras, será que não revelaria pouco mais que uma *concordância do pensamento consigo mesmo?* **Mas será que isso é verdade... de verdade?** – diria Russell.

Quanto ao postulado, não tem sequer essa evidência do axioma! (recordar aqui o que ele é, e mostrar de que maneira a axiomática deveria ser chamada com mais justiça de "postulamática"*).*

Assim, se a matemática, na "verdade" de seus teoremas, se baseia por inteiro num sistema puramente convencional surgido da natureza mesma do espírito humano, compreende-se melhor o que B. Russell queria dizer ao afirmar que, no caso dessa ciência, "não se sabe se o que ela diz é verdadeiro".

▸ Restaria então abordar **as questões filosóficas que tal perspectiva suscita**: primeiro, refletindo sobre o papel que a matemática desempenha em relação aos outros conhecimentos, papel de instrumento, mas também de modelo que permite construir esquemas explicativos.

A partir daí, à luz desses elementos, pareceria importante retomar a questão do *status* do próprio conhecimento humano.

2. Será que eu convido um antropófago para ir a minha casa?

▸ Passada a primeira reação, enfrentar o enunciado é, como sempre, a melhor atitude.

Palavra dominante: antropófago. O que isso quer dizer? Comedor de homem, claro. Algo mais? De modo mais preciso, homem que come carne humana. Em todas as refeições? Para responder, que faço? Consulto os escritos antropológicos que mencionam casos de fenômenos de celebração ritual ligada à cultura desses homens. Conhecer essa cultura me dará então o sentido de tais atos que a moral, a religião, a filosofia de minha cultura reprovam.

▸ Assim, conhecer um antropófago é exatamente conhecer um bárbaro? Em que sentido preciso? (Aqui a reflexão se orientará para o problema da natureza e da cultura, inspirando-se em particular nas análises de Lévi-Strauss.*)

E se o antropófago for um homem da *minha* cultura e da *minha* civilização, que reprovam esses comportamentos?

É provável que haja duas possibilidades, ambas todavia excepcionais: mera condição de sobrevivência momentânea, ou grave distúrbio mental relacionado à psicopatologia.

O primeiro caso suscita o problema do direito moral. O segundo tem que ver com os mecanismos mentais que atuam em nós em virtude da capacidade simbólica do espírito, complexa e infinita.

A resposta à questão organizará portanto esses diversos elementos de reflexão, aliás bastante clássicos!

Recapitulando

▸ **Desarmar a armadilha da opinião.**
Identificar claramente minha opinião imediata sobre o enunciado que se apresenta. Para tanto, não hesitar em formulá-la oralmente e por escrito. Retomar o enunciado e dissecá-lo friamente **sem idéias pessoais**. Comparar os dois para evidenciar o erro.

▸ **Pensamento em pane... O que fazer?**
Declinar a palavra segundo todas as suas formas: verbo, substantivo, adjetivo, advérbio. Ver também as palavras supostamente sinônimas e as que se lhe opõem. Decompô-la, se possível, em sua raiz etimológica – o "cerne" –, os prefixos e os sufixos que se acrescentam a ela.

Nada rejeitar *a priori* de tudo o que suceda: somente um confronto com o enunciado e com o problema que está sendo tratado poderá justificar rejeições e aceitações.

Técnica do "em outras palavras": permite reformular *a mesma idéia* em outros termos, portanto os nossos, que são mais "claros", e assim elucidá-la. Atenção, porém, para não modificá-la nessa passagem!

Só recorrer a um autor para análises que esclareçam e tornem mais exatas as nossas análises, possibilitando um progresso na reflexão sobre o problema em questão, e nunca para que ele pense em nosso lugar e ocupe um terreno que nós, por precaução, abandonaríamos!

Por fim, fazer uma análise de cabo a rabo supõe terminá-la bem. Pensemos portanto em propor um *"gran finale"*, que confira peso e envergadura ao conjunto.

INDICAÇÃO BIBLIOGRÁFICA

- **Aristóteles**: A definição: *Segundos analíticos*, §§ 28-186-187; A alma e as sensações: *Da alma*, II-6 e 7. – A alma nos diferentes seres vivos: *Da alma*, II-3.
- **Bachelard**: *A formação do espírito científico*.
- **Bergson**: "Conferência de Madri sobre a alma humana"; *A consciência e a vida*.
- **Canguilhem**: *O normal e o patológico*.
- **Cézanne**: *Correspondência*.
- **Descartes**: Sonho e realidade (*Primeira meditação*); Imaginação e entendimento (*Sexta meditação*); *Discurso do método; Meditações metafísicas*.
- **D'Espagnat**: *O real velado*.
- **Epicteto**: *Manual*
- **Epicuro**: A visão: os simulacros, §§ 46-53; *Carta a Heródoto*.
- **Estóicos**: ver Epicteto, Marco Aurélio, Sêneca ou Cícero.
- **Freud**: *Introdução à Psicanálise; Cinco lições sobre psicanálise*.
- **Hegel**: *Estética*, 1º vol.; *A razão na história*.
- **Guillaume**: *A psicologia da forma*.
- **Heidegger**: *Caminhos que não levam a parte alguma*.
- **Kant**: Dizer "eu": *Analítica transcendental*, § 16; respeito e imperativos categóricos da moral: *Fundamentos da metafísica dos costumes*, primeira e segunda seções.
- **Lévi-Strauss**: *Raça e história*.

- **Malson**: *As crianças selvagens.*
- **Marco Aurélio**: *Pensamentos.*
- **Marx**: *Manuscritos de 1844*: O trabalho alienado: §§ XXII a XXVII.
- **Merleau-Ponty**: Ver, sentir, mundo percebido: *Fenomenologia da percepção* (introdução 1, II parte: I. Le sentir, 3. A coisa...); Arte, pintura: *A dúvida de Cézanne.*
- **Nietzsche**: *O crepúsculo dos ídolos; Assim falou Zaratustra; Para além do bem e do mal.*
- **Pascal**: *Les pensées.*
- **Platão**: Saber que nada se sabe: *Apologia de Sócrates; Alcibíades, Mênon*; A alegoria da caverna: *República*, livro VII; A força e o direito segundo Cálicles: *Górgias*; A arte, dupla ilusão: *República*, livro X.
- **Rousseau**: denúncia da arte: *Carta a d'Alembert sobre os espetáculos*; Liberdade-escravidão: *Contrato social*, Livro I, cap. 4; Liberdade e direito: *Contrato social*, Livro I, cap. 6, col. "GF".
- **Sartre**: A má-fé, outrem, a liberdade: *O ser e o nada.*
  * A má-fé: primeira parte, cap. II.
  * Outrem: terceira parte, cap. I (4: o olhar).
  * A liberdade: quarta parte, cap. I e II.
  * A consciência: sua intencionalidade segundo Husserl. Uma idéia fundamental da fenomenologia de Husserl: a intencionalidade, in *Situações I.*
- **Scheler**: *Natureza e formas da simpatia.*
- **Smith**: *A riqueza das nações.*
- **Sócrates**: cf. Platão.
- **Sófocles**: *Antígona.*
- **Stendhal**: *A cartuxa de Parma.*
- **Van Gogh**: *Cartas a Léo.*
- **Wilde**: *O declínio da mentira.*

OBRAS DE SÍNTESE

Premières Leçons de Philosophie, F. Laupies. Autores e textos citados:
- Bergson, texto 20, p. 53 (consciência do passado e do futuro).
- Descartes, texto 6, p. 16 (ver é julgar).
- Freud, texto 19, p. 50 (outro eu em mim?)
- Kant, texto 10, p. 27 (conhecimento); texto 12, p. 32 (moral).
- Nietzsche, texto 15, p. 40 (querer seu próprio querer).
- Platão, texto 1, p. 3 ("o que é?").
- Rousseau, texto 9, p. 24 (do direito do mais forte).

Psychanalyse, Daniel Lagache.

IMPRESSÃO E ACABAMENTO:
YANGRAF Fone/Fax:
6195.77.22
e-mail: yangraf.comercial@terra.com.br